新疆科技学院产教融合与新商科发展研究中心研究成果

数字化企业人力资源管理
变革研究

吕君奎　李　妍　李晓连　等著

西南财经大学出版社
Southwestern University of Finance & Economics Press
中国·成都

图书在版编目(CIP)数据

数字化企业人力资源管理变革研究/吕君奎等著.
成都:西南财经大学出版社,2024.10. --ISBN 978-7-5504-6352-3
Ⅰ.F272.92-39
中国国家版本馆 CIP 数据核字第 2024DA3391 号

数字化企业人力资源管理变革研究
SHUZIHUA QIYE RENLI ZIYUAN GUANLI BIANGE YANJIU
吕君奎　李　妍　李晓连　等著

责任编辑:植　苗
责任校对:廖　韧
封面设计:何东琳设计工作室
责任印制:朱曼丽

出版发行	西南财经大学出版社(四川省成都市光华村街55号)
网　　址	http://cbs.swufe.edu.cn
电子邮件	bookcj@swufe.edu.cn
邮政编码	610074
电　　话	028-87353785
照　　排	四川胜翔数码印务设计有限公司
印　　刷	成都市新都华兴印务有限公司
成品尺寸	170 mm×240 mm
印　　张	14
字　　数	238 千字
版　　次	2024 年 10 月第 1 版
印　　次	2024 年 10 月第 1 次印刷
书　　号	ISBN 978-7-5504-6352-3
定　　价	78.00 元

前　言

从历史上看，每一次重大的科技进步都会带来生产力的巨大变革。生产力具有三要素，即劳动力（劳动者）、劳动工具、劳动对象。科技进步推动了劳动工具的不断改进和创新，这种改进不仅体现在工具的设计和制造上，还涉及工具的功能和效率的提升。拥有什么样的劳动工具就代表着时代所具有的生产力水平，而劳动工具的改进推动了生产力的发展，生产力的发展推动生产关系（经济基础）的变化，进而影响上层建筑（国家的意识形态法律法规等）的变革。因此，众所周知，人类的旧石器时代对应的就是原始社会的母系氏族社会，新石器时代对应的就是原始社会的父系氏族社会，而青铜器时代对应的就是奴隶社会，铁器时代对应的就是封建社会。世界近代（1640 年）以来，人类社会经历了三次工业革命，相应的世界各国也发生了激烈的社会变革（包括资产阶级革命和社会主义革命等）。当前人类社会正在经历第四次工业革命，也就是数字化革命，必将深刻促进人类社会的进步。我们有必要深入研究数字化革命对个体、组织以及社会结构的影响。

人类近代史以来所完成的三次工业革命促进了人类生产力的发展和社会进步，更带来了管理思想和人力资源管理的变革。以蒸汽机的发明和应用为核心的第一次工业革命，导致手工业向机械化生产的转变，与之相匹配的，是亚当·斯密（1776）的管理思想。亚当·斯密在《国富论》中提出了"社会分工"和"专业化"的理念，极大地促进了生产力的发展。19 世纪末 20 世纪初，以电力和内燃机的广泛应用为标志，形成了第二次工业革命，导致大规模生产和制造业（流水线）的蓬勃发展。在此期间，弗雷德里克·温斯洛·泰勒（1911）的科学管理理论应运而生，强调工作流程标准化和效率最大化，成为衡量当时管理模式的黄金标准。标志性的实践样例是 1913 年建成的福特生产线，成为大规模生产的革命性事件。从 20 世纪五六十年代开始，以计算机、核能、信息技术和自动化为核心的第三次工业革命带来了信息化与自动化生产的普及。与之呼应的是道格拉斯·麦克格雷戈（1960）提出的 X 理论和 Y 理论，以及之后的管理权变理论。这三次工业革命从物质人、经济人到社会人、复杂人，再到自我实现人，不断丰富我们对个体以及个体与组织关系的认识。

21世纪初，制造业领域开始发生一次重要的技术变革并延续至今。学者称之为"工业4.0"，也可以认为是第四次工业革命。这次技术变革主要以数字化、自动化、人工智能（AI）、物联网（IoT）、大数据和机器学习等技术为特征，这些技术将各种生产和服务过程与互联网融合，前所未有地降低了成本、提高了生产效率。特别是震撼全球的ChatGPT大语言模型人工智能，向世人展示了以数字化和智能化为核心的第四次工业革命会让企业生产方式变得更加智能和高效，同时也会对劳动力市场和社会经济结构带来深刻的影响。技术进步不仅推动了经济社会发展，更不断催生并塑造了新的管理理念，人力资源管理也会面临新的挑战和机遇。

在全球数字化转型背景下，数字化既是我国国民经济高质量发展的本质内涵，更是推动经济高质量发展的新动力，它是众多行业和企业提升竞争力的战略选择。数字化是将许多复杂多变的信息转变为可以度量的数字、数据，再以这些数字、数据建立起适当的数字化模型，即将数据、信息、符号、图标等转变成数字信号存入计算机网络，用于企业的规划、设计、制造、营销、服务、运营、管理等，以提高企业的运行效率、降低成本，取得竞争优势的过程。数字化转型是利用数字化技术来推动企业组织转变业务模式、组织架构、企业文化等变革措施，是基于对业务数据充分而高效的运用，及时洞悉内外环境变化并快速响应，从而提升企业运营效率，为客户提供更优质的体验。

《数字化企业人力资源管理变革研究》是人力资源管理在数字化转型方面的著作。本书首先对企业数字化转型、数字化人力资源管理等基本概念的内涵进行研究和界定；其次研究、归纳、总结了数字化人力资源管理的相关政策、信息资料、存在的问题及国内外研究现状；再次分析了数字化人力资源管理发展规划，完善了数字化人力资源管理相关理论，探究了数字化人力资源管理影响因素，探讨了数字化人力资源管理影响机制；最后系统展开人力资源战略与规划、工作分析岗位评价、人力资源测评与招聘、人力资源培训、人力资源绩效管理、人力资源薪酬激励、核心员工知识共享、人力资源职业生涯与员工关系、员工福利与保障等数字化转型的变革研究。本书可以供人力资源管理数字化转型的研究人员以及高校人力资源管理相关专业的师生阅读参考。

本书具有三个方面的特点：第一，时代性。本书紧密结合《中华人民共和国国民经济和社会发展第十四个五年规划和2035年远景目标纲要》中的"加快数字化发展，建设数字中国"战略部署开展数字化人力资源变革研究，对推进产业企业的产品、经营和服务数字化转型具有重要的时代意义。第二，系统性。本书在分析相关基本概念和原理，总结归纳数字化人力资源管理相关政策、存在的问题以及国内外研究现状的基础上，分析企业数字化人力资源管理发展战略、规划、影响因素和影响机制，并据此展开数字化人力资源战略与规划、工作分析、岗位设计评价、人力资源测评与招聘、人力资源培训、人力资源绩效管理、人力资源薪酬激励、核心员工知识共享、人力资源职业生涯与员工关系、员工福利与保障数字化转型等研究，布局结构合理，具有较强的系统性。第三，本土化。相比国外对数字化人力资源管理的研究，国内研究具有较大的进步空间。由于有针对性的中国情境下的本土研究相对较匮乏，因此本书重点开展植根于中国情境的本土研究。从我国特有的人力资源管理特点、政策、制度、文化等方面出发，对数字化人力资源管理变革进行研究，是本书的一大亮点。

本书由新疆科技学院工商管理学院吕君奎、教务处李妍、人力资源管理教研室李晓连领著，具体由新疆科技学院的姜峰、张洁撰写第1章，苗莉撰写第2章，陈丹蕾、刘茹撰写第3章，李晓连撰写第4章，李妍撰写第5章，吕君奎撰写第6章，常志军撰写第7章，晏杨春撰写第8章，齐泽轩撰写第9章，孙文雷撰写第10章，许家宁撰写第11章，刘杨撰写第12章。

限于水平，书中难免存在不足，敬请读者批评指正！

吕君奎

2024 年 5 月 19 日

目　录

1 绪论

1.1 数字化时代

人类历史上共完成了三次工业革命，当前正在经历第四次工业革命。科技进步无一例外地深刻影响着我们对个体、组织以及社会结构的认识。以蒸汽机的发明和应用为核心的第一次工业革命，导致手工业向机械化生产的转变。与之匹配的是亚当·斯密（1776）的管理思想，其在《国富论》中提出了"社会分工"和"专业化"的理念，极大地促进了生产力的发展。19 世纪末 20 世纪初，以电力和内燃机的广泛应用为标志，形成了第二次工业革命，导致大规模生产和制造业（流水线）的蓬勃发展。在此期间，弗雷德里克·温斯洛·泰勒（1911）的科学管理理论应运而生，强调工作流程标准化和效率最大化，成为衡量当时管理模式的黄金标准。标志性的实践样例是 1913 年建成的福特生产线，成为大规模生产的革命性事件。从 20 世纪五六十年代开始，以计算机、核能、信息技术和自动化为核心的第三次工业革命带来了信息化与自动化生产的普及。与之呼应的是道格拉斯·麦克格雷戈（1960）提出的 X 理论和 Y 理论，以及之后的管理权变理论。其一方面认为，员工需要外部压力、严格管理甚至是惩罚才能驱使他们工作；另一方面也承认，员工有自我激励和自我发展的潜力，只要环境和氛围合适，员工就会自发投入工作并创造组织价值。这三次工业革命从物质人、经济人到社会人、复杂人，再到自我实现人，不断丰富我们对个体以及个体与组织关系的认识（谢小云 等，2021）。

21 世纪初，制造业领域开始发生一次重要的技术变革并延续至今，学者们称之为"工业 4.0"，也可以认为是第四次工业革命。这次技术变革主要以数字化、自动化、人工智能（AI）、物联网（IoT）、大数据和机器学习等技术为特征，这些技术将各种生产和服务过程与互联网融合，前所未有地降低了成本、提高了生产效率。特别是震撼全球的 ChatGPT 大语言模型人工智能，向世人展示了以数字化和智能化为核心的第四次工业革命会让企业生产方式变得更加智能和高效，同时也会对劳动力市场和社会经济结构带来深刻的影响。技术进步不仅推动了经济社会发展，更不断催生并塑造了新的管理理念，人力资源管理也会面临新的挑战和机遇。数字化背景下的员工需要什么能力？组织会发生什么样的变化？员工与组织关系如何演化？如何领导和激励员工？这一系列问题都亟须学界开展深入研究，以回应我们当前面临的时代变革。

1.2　数字化人力资源管理

数字化变革指的是通过积极利用数字科技的潜能，为组织创造出新的数字商业战略（Hausberg et al., 2018）。数字化人力资源管理应该体现战略驱动属性（strategic），而非只是一般通用技术属性（generic）。通用技术属性就是纯粹的数字化技术的使用，如企业通过信息技术实现了各类信息的数字化存储，但这类纯技术应用只是为了方便操作层面的信息查询与提取，而不涉及组织演化以及商业战略调整。而具有战略驱动属性的人力资源管理则是通过创新与整合的路径充分利用数字化技术潜能，最终激发并促进企业的数字化变革（digital transformation）（Bohnsack et al., 2018; Vesti et al., 2017）。例如，优步（Uber）和滴滴作为平台型企业，正是充分利用了数字化信息技术，形成了与以往汽车租赁行业不同的组织架构、经营模式和管理机制，也创造了新的数字化商业战略。有些企业由于没有实行数字化变革，不得不承受数字化干扰（digital disruption）带来的影响（Frey et al., 2013）。数字化干扰指的是由于某些组织通过接纳数字化获取利益而对其他组织形成的干扰或破坏。不难想象，面对优步和滴滴的竞争，传统出租车企业不得不承受数字化干扰带来的后果。例如，员工大量流失、企业运营成本上升等。显而易见，数字化变革是主动自愿拥抱数字化，带来的是战略机遇，并催生出数字化组织；相反，数字化干扰是非自愿被动甚至是被迫面对数字化，带来的是战略威胁，并可能破坏原有组织结构。数字化代表的是对信息进行技术性转化的行为。例如，将纸质图书转化为电子图书,或是将员工的个人培训记录转化为员工的数字化信息库,强调的是对技术的操作和应用。结果意义上的数字化对应的英文是 digital,它代表的是经上述数字化行为之后形成的一种结果或状态。例如,经过书籍转化为数字化图书之后,我们便得到了数字化图书馆,数字化图书馆里不仅包括电子图书,还可以实现对图书的监控和分析,形成读者的借阅习惯画像,并对图书管理员进行数字化管理等功能。相较于纯技术应用,本书所探讨的数字化人力资源管理是作为状态存在的数字化。

为了更好地理解数字化人力资源管理,我们就要了解在数字化背景下的个体和组织都会面临哪些挑战,以及需要做出何种改变。接下来,我们将逐一分析数字化背景下的个体和组织。

1.3 数字化中的个体

1.3.1 数字化下的员工

以数字化和智能化为核心的第四次工业革命正在急速改变生产、销售、投资、雇佣等各个方面。例如,在智慧工厂里,人们通过物联网设备里收集到的顾客反馈和评价,利用智能化的算法即可以优化产品设计并传导至企业经营的供应链管理中去。随着即时通信传输技术的发展,许多企业可以通过"雇佣"自带智能传感器的机器去收集、传递并分析数据,这些自动化收集的信息可以与其他来源信息合并,借用智能算法进行评估分析并得出基于数据的决策指令。如此高度集成的系统里,似乎可以省去不少人为的活动空间,因此不少人惊呼,在数字化时代里很多行业将无可避免地面临失业潮,很多职业甚至会被机器取代并永久消失。身处数字化旋涡之中的个体需要具备数字流畅力(digital fluency),它是指数字化时代的员工能够将数据转化为信息,并再将信息转化为可操作的知识的一组新技能(Briggs et al., 2012)。在科学、技术、工程和数学(STEM)上具有特长的个体将具备更大优势。当然,这里并不是说每位员工都要成为精通理工的技术达人,但是在一定程度上熟悉并能够应用数字技术显得非常重要。这也是 Andersson 等(2016)所称的"电子技能",反映的是个体对数字信息处理的能力水平。这种能力使得员工能够借助信息处理、发展并构建新的观念,以观念为指导利用技术实现战略目标。

随着智能化不断发展提升，人工智能应用场景越来越广泛，如运营制造、供应链管理、客户服务等。目前，很多企业涌现出新的协作方式，即组建包括人类和机器共同工作的团队。员工与机器和算法协作的能力变得异常重要。众所周知，AI 在数据分析和任务执行方面比人类具有更高的可靠性和精准性。如何更好、更高效地开发和利用 AI 的潜能，将其功效释放到最大，是数字化时代下员工需要具备的竞争力。我们都知道 AI 擅长处理信息和解决问题，但是具备良好人机协作能力的员工，可以更好地为 AI 定义问题，即清晰构建机器和算法工作的上、下文条件。数字化时代呼唤懂提问、会提问的员工，人机协作能力必不可少。

除了数字流畅力和人机协作的能力外，还有一些技能延续了传统工作需求，只是这些能力可能需要重组甚至是重新定义。World Economic Forum（2016）发布了 2020 年最需要的 10 项技能，包括：复杂问题的解决能力、批判性思维、创造力、人才管理、协作能力、情商、决策能力、服务意识、谈判技巧、认知灵活性。总体而言，数字化时代要求员工除了具备与人沟通协作的能力外，还需要有与数字信息、智能机器以及算法协作的能力。

1.3.2 数字化下的人力资源管理人员

数字化时代迫使员工需要学习新的技能，这对人力资源管理人员更是如此。随着数字化变革的深入，传统的人力资源能力和角色已显得不再足够，不符合数字化人力资源的新责任，难以应对新挑战。

首先，在数字化人力资源管理中，相关管理人员的首要技能就是数字化处理能力，从而使基于数据做出更快、更准决策的可能性大大增加。那么，数据分析和数据顾问的角色可能是未来人力资源管理中最重要也是最常见的（Patmore et al.，2017）。例如，掌握数据分析特别是社交媒体数据采集分析能力的人可以为组织提供更好的人才情报。通过对人才资料集中的平台内容分析（如 LinkedIn 和 Researchgate），可以跟踪人们在地域和行业之间的流动信息，也可以为主动招聘候选人建立有价值的联系。如果能够将数字沟通技术运用到更广泛的商业视角和商业战略中，那就能成为更好的战略人力资源业务合伙人。

其次，人力资源管理人员需要分析价值整合的能力。虽然身处数字化时代，各类数据不断涌现、交叉、汇聚，但是作为人力资源管理人员，要正确看待数据及其背后的价值，不能因为数字化，就以为大数据就是最好的。人力资源管理的价值不是采集尽可能多的数据，而是结合数据能够做出更符合现实的决策。换言之，数字化时代人力资源管理绝不只是要求具备数字化处理能力，因为人力资源分析不是从数据开始，而是从业务、问题以及战略目标开始（Angrave et al., 2016；Ulrich et al., 2015），所以甄别问题、厘清问题的背景和边界是进行数据分析的基础。数据处理的能力应该和价值分析的能力整合到整体的人力资源功能里。例如，"当前的研发/销售中最大的挑战是什么？""企业的人力资源如何帮助应对这种挑战？"以问题目标为先导，结合特定相关数据分析，才能将人力资源放置于整个价值链中，从而为管理决策提供支持，最终完善组织变革。

最后，现代人力资源管理人员还要有防范数字化消极影响的能力。如前所述，数字化带来生产方式革新的同时，也存在一些不可预知的风险。例如，算法日益复杂、不断演化，人们并不能够完全预判算法产生的结果（Kellogg et al., 2020）；数字化监管日益普及，但员工的隐私常常得不到保护（Bhave et al., 2020）；数字化考核愈发标准化，个体差异考量和人性化关怀日渐甚微（Gal et al., 2020）。诸如此类的变化，对掌控数字化提出了更高要求，人力资源管理人员在开发利用数字化优势的同时，必须时刻清醒地持有人是根本目的的意识，主动预防并控制其对个人、团队以及组织的负性影响。

1.4　数字化中的组织

如前所述，第四次工业革命正在从根本上打破来自物理世界的对工作的束缚，数字化为我们提供了消除时空障碍的新的工作方式，这也催生出新的更加灵活的组织形态。当前，面对数字化的冲击，组织在三个方面发生深刻变化，即组织内部协作机制、组织与外部互动以及组织自身边界。

一是组织内部协作机制的变化。随着时空约束被打破，加之员工具备了越来越多的新的数字化能力，其工作方式已由过去单一的办公室为主体场景演变成人人互动、人机互动、远程互动等多形态的工作场景。为应对灵活多变的工作形态，组织势必要赋予员工更大的自主性。对于主管来说，更需要一种基于明确目标设定和持续反馈的赋权型领导风格，好让员工在充分利用各种信息的基础上形成准确判断并承担自己的责任。但是，应对灵活多变的复杂工作形态，并非一味简单赋权即可解决问题。最新研究发现，即便面对同样的数字化背景和不确定管理，组织赋予员工的工作自主性仍然存在文化差异（Jiang et al., 2023）。Jiang 等（2023）提出目标自主和执行自主以区分组织对员工的赋权。前者表示组织在多大程度上让员工参与目标、规划以及绩效制定，代表着员工管理卷入的程度；后者则表示员工拥有自主完成工作的灵活程度，如时间安排、工作流程、工作方法选定等。他们通过对中国与英国的跨文化对比发现，虽然两类自主性均存在于不同文化中，但英国人更认可组织赋予的目标自主，即喜欢自我决策并参与目标设定，同时其组织对工作流程和程序具有详细的说明和严格的过程监管，所以员工在履行工作职责方面并不享有过多的执行自主；相反，中国社会的组织中很少赋予员工目标自主，员工会认为管理决策以及目标设定都是领导应该履行的职责，组织如若赋予较高的目标自主，反而会被员工看作领导的"不作为"或"甩锅"行为。

二是组织与外部互动的变化。传统的工作更多是由组织内部的全职员工完成，即便是需要外部协作，通常也是组织向外寻求其他组织内的团队或个人进行协作。任务是被有固定职位、稳定"就业"的人去执行的。数字化时代为我们带来了新的生产与交付方式，也激活了更多利益相关者，除去传统的组织内部员工和管理者外，组织外部的自由职业者、临时工作人员甚至是志愿者和消费者都可以直接参与到组织的业务活动中（Bondarouk et al., 2016）。许多组织可以外包数字化业务，冲破地域或文化限制，如平台型企业可以快速整合不同地域的劳动力市场。对于组织而言，个体是否处于"就业"状态已变得不再重要，是否处于"工作"状态才是关键。当前的组织运营需要不同以往的、多样化的人们以项目为基础为他们提供服务，并开展灵活多变的合作。因此，"就业"和"非就业"人群的结合将会越来越普遍，也势必成为新的组织模式。

三是组织自身边界的改变。组织自身边界的改变其中一个显著特征就是组织变得越来越无界和开放。首先，数字化时代要求灵活而敏捷的组织结构，传统的层级结构越来越被扁平化、去中心化的结构所替代，因为这可以更贴近顾客，也能够更快速响应市场变化。其次，传统的组织边界也愈发模糊。以往的客户或被服务者可以转变为参与者和价值创造者。以短视频平台为例，观众客户也是平台内容的创造者。

1.5　数字化人力资源管理的挑战

1.5.1　标准化执行与个体化需求

数字化在以某种方式重新塑造人和组织，一方面这类新技术在革新组织运行方式、提升生产效率等方面带来了巨大经济效应，另一方面也给人力资源管理带来了前所未有的挑战。不少学者将以大数据和智能算法对工作流程的影响称为数字泰勒主义（Head，2014；Staab et al.，2016）。简单而言，作为新技术红利的一部分，组织或管理层能够以数字化的技术将日常操作中的具体实践信息化和知识化，甚至可以将员工的工作经验编码为机器学习的算法；在此基础上，通过算法的练习，形成机器化、标准化的生产系统并不断强化自身的运作方式。其结果就是，企业可以简而化之地强调标准化的执行，而忽视人类经验在工作中的作用，甚至是漠视人的需求。这类现象在互联网公司里并不少见，例如，亚马逊将仓库中的货物存储、拣选、运输以及打包完全数字化并拆解为简单标准操作，员工甚至不需要培训，通过手持条形码扫描仪，就可以在各个环节上完成操作并打卡。这套系统不仅可以注册、登记和跟踪货物，以掌握准确的生产数据，更可以全面实时监控员工位置，记录其工作绩效。与之类似地，还有我们身边忙碌的外卖骑手，他们被困在平台算法里一刻不敢怠慢。这些正在发生的事例不断提醒我们，数字化正在为实现人类工作的程序化和标准化铺平道路，而作为鲜活个体的人类经验在工作中愈发显得微不足道。久而久之，个体化的需求也注定被遗忘，抑或是主动忽视。

1.5.2　内部开发与外部雇佣

如前所述，数字化趋势使得组织边界模糊且与外部劳动力市场联系紧密、互动频繁。除去互联网平台型企业，很多公司也会基于成本、灵活性等因素而考虑雇佣临时性的外部劳动力。毫无疑问，借助数字化平台充分利用劳务外包，可以降低企业运营成本，以整合资源的项目式合作帮助企业便捷高效地实现任务目标。然而，频繁使用便捷的外部劳动力会对组织内部常规合同员工形成负面影响。已有研究表明，当员工感受到组织的临时外部雇佣会威胁他们工作安全感时，员工会降低对组织的信任，减少对组织的承诺，与管理者关系变差，并带来更多的不作为表现（Broschak et al., 2006；Chattopadhyay et al., 2001；George, 2003；Way et al., 2010）。众所周知，组织内部结构稳定、人员流失率低对经营管理至关重要。因此，在数字化背景下，人力资源管理应该平衡好内部员工开发与外部雇佣的关系，充分利用两者的长处以助力企业扩大人才优势。

1.5.3 个体的目标与组织的战略目标

随着时代的变迁，人类展现出更复杂的一面，有更强的自我实现诉求，组织与个体的关系由此发生了变化。"激活人"成为人力资源管理的瓶颈，为了找到解决方案，战略人力资源管理应运而生。这个阶段将人视为战略资源，希望利用人力资源管理手段使个体的目标与组织的战略目标达成一致，在实现组织的战略目标与竞争优势的同时，使个体更有机会释放价值并自我实现。数字技术带来的最根本的改变是，组织价值活动从关注产品或服务转向以顾客为中心，员工、组织和顾客之间的关系被重塑，彼此之间形成协同共生关系。数字技术一方面赋能员工和组织，使其直接为顾客创造价值；另一方面也帮助组织赋能生态伙伴，共同为顾客创造新价值。组织价值活动从组织内部的员工延伸到组织外部的顾客和生态伙伴。正因为如此，今天的人力资源部门不但要承担对内为员工赋能的基本工作，还需要同时考虑"对外管理"，即成为组织战略和组织运营的伙伴，参与、选择和执行战略的外延扩展，使其延伸至顾客、伙伴端。通过这些方式，人力资源管理从员工技能的提升扩展到战略与组织变革的推进，从人力资源自身数字化能力的打造扩展到服务组织的运营，不断推动着组织构建起数字化能力。

1.6 本章小结

人力资源管理的核心功能依然是搭建个体与组织共享的平台，使个体与组织建立良好的契约关系，通过赋能使员工具有持续创造力。人毕竟不是机器，不是只要接通电源、按下开机键，就时刻能以同样的频率工作。人有情感变化，也会有高效和低效的时候。与机器不同，人更宝贵的部分是有创造力，能够应对变化并解决问题。此外，人类工作的目的是生活，而组织的人力资源管理也应该让身处其中的每一位个体能够获得成长的机会，实现更好的生活。在数字技术背景下，人力资源管理更需要关注个体创造力的激发和团队的协同共生，从多维度为多主体赋能，从而回归本质，即做好人与组织的价值经营。数字化时代深刻影响着生产、经营以及人们日常生活的方方面面。数字化时代也催生了更加智能的人力资源管理模式。新的人力资源管理模式应该洞察人和组织的新变化，积极面对数字化提出的要求和挑战，力争能在促进组织战略变革和提升人们幸福生活方面贡献新的力量。

2 数字化人力资源战略与规划研究

在当今数字化时代，技术的快速发展和创新正在对各个行业和组织产生深远的影响。人力资源管理作为企业中至关重要的一环，也不可避免地面临着许多新的挑战和机遇。传统的人力资源管理方法已经无法满足企业在数字化时代的需求，因此数字化人力资源战略与规划成为企业转型和发展的关键。

在过去，人力资源管理主要侧重员工招聘、培训、绩效评估等方面的操作性工作。然而，随着技术的进步，企业可以利用大数据分析、人工智能、云计算和机器学习等先进技术来收集、分析和利用人力资源数据，从而实现更高效的决策与战略规划。数字化人力资源管理不仅可以提高工作效率和员工体验，还可以促进企业创新并提高其竞争力。

尽管数字化人力资源管理具有广阔的发展前景，但在实践中仍面临许多挑战。许多企业尚未意识到数字化转型对人力资源管理的重要性，缺乏明确的战略规划和实施指导。此外，技术的快速发展和复杂性也给企业带来了技术选型、数据安全和人才培养等方面的困扰。因此，我们有必要对数字化人力资源战略与规划进行深入研究，以帮助企业充分利用数字化技术，优化人力资源管理，提升企业的竞争力和可持续发展能力。

本章的研究目的在于：

（1）分析数字化时代对企业人力资源管理的挑战和机遇，揭示数字化转型对企业的影响；

（2）探讨数字化人力资源战略的关键要素，包括战略定位、数据驱动的决策和分析、人才招聘和发展的数字化创新、员工体验与参与度以及数字化人力资源生态系统的建立；

（3）提供实证研究和案例分析，以展示数字化人力资源战略在不同类型和规模的企业中的应用和成果；

（4）提出数字化人力资源规划的步骤和方法，包括数据分析和需求评估、技术工具和平台的选择、人力资源流程的重新设计、变革管理和组织文化的转变以及持续评估和改进的重要性；

（5）为企业提供数字化人力资源管理的指导和建议，帮助其实施有效的战略规划，推动数字化转型，提升人力资源管理的效率和效益。

2.1 数字化时代的人力资源管理挑战与机遇

2.1.1 数字化转型对企业的影响

随着数字化技术的快速发展和普及，企业面临着数字化转型的迫切需求。数字化转型指的是将传统业务模式和流程与数字技术相结合，以实现创新、提高效率和增强竞争力的过程。数字化转型对企业产生了广泛而深远的影响，特别是在人力资源管理领域。

首先，数字化转型改变了人力资源管理的方式和手段。传统的人力资源管理往往依赖于手工处理和纸质文档，如招聘简历、员工档案和绩效评估表；而数字化转型通过引入人力资源信息系统、云计算和大数据分析等技术，实现了人力资源数据的集中管理、自动化处理和智能分析。这不仅提高了数据的准确性和可靠性，还节省了时间和人力成本，使人力资源团队能够更专注于战略规划和价值创造。

其次，数字化转型促进了人力资源决策的数据驱动和科学化。数字化技术使企业能够收集和分析大量的人力资源数据，从而为人力资源决策提供客观的依据和准确的预测。通过数据分析和人工智能算法，企业可以识别人才需求、预测员工绩效、优化组织结构等。这使得人力资源管理更加科学和精细化，有助于提高员工招聘的准确性、培养的针对性和绩效评估的公正性。

再次，数字化转型增强了员工参与感和体验感。数字化技术提供了更多的交流与协作平台，使员工能够更方便地参与企业决策及项目。企业可以通过员工自助平台提供自主学习与发展的机会，以及实时反馈及奖励机制，增强员工的参与感和体验感。此外，数字化转型还使得员工能够更灵活地安排工作的时间和地点，实现更好的工作与生活平衡。

最后，数字化转型推动了人力资源管理的创新和变革。数字化技术的应用使得人力资源管理可以更好地适应新的经济与社会环境。例如，人工智能技术可以应用于自动化招聘筛选和智能化培训推荐；虚拟现实和增强现实技术可以用于模拟面试和员工培训；区块链技术可以提供安全可靠的员工身份验证和薪酬支付；等等。这些创新和变革为企业提供了更多的机会，提高了人力资源管理的效率和质量。

2.1.2 人力资源管理的变革需求

数字化转型对企业的人力资源管理提出了新的挑战和需求。传统的人力资源管理方法已经无法满足当前的情境，以下是人力资源管理面临的变革需求的五个关键方面：

（1）数据驱动的决策和分析。数字化转型要求人力资源团队能够收集、整理和分析大量的人力资源数据。通过数据驱动的决策和分析，人力资源团队可以更准确地预测人才需求、识别绩效差距、优化组织结构等。人力资源团队需要掌握数据分析的能力，并运用先进的分析工具和分析技术，以支持企业的战略决策和人力资源管理。

（2）强调员工的体验感和参与度。数字化时代的员工更加注重工作体验感和参与度。企业需要提供灵活的工作安排、开放的沟通渠道、个性化的培训与发展机会，以吸引并留住优秀的人才。人力资源管理需要通过数字化技术提供员工自助平台、实时反馈与奖励机制，以增强员工的体验感、提高其参与度。

（3）人才招聘和发展的数字化创新。数字化转型为人才招聘和发展带来了新的机遇。通过应用人工智能、大数据分析和在线招聘平台，企业可以更高效地筛选候选人、预测人才潜力，并实现精准的人才匹配；同时，数字化技术也提供了在线培训和虚拟学习的机会，使员工能够根据自身需求进行个性化的学习和发展。

（4）促进组织文化的转型。数字化转型需要企业建立灵活、创新和开放的组织文化。传统的层级结构和刚性流程已经无法适应快速变化的市场环境，人力资源管理需要积极推动组织文化的转变，鼓励员工创新、共享知识、跨部门合作，以适应数字化时代的需求。

（5）整合人力资源技术工具和平台。数字化转型要求企业整合和优化人力资源技术工具和平台。无论是从人力资源信息系统到在线培训平台，还是从人才管理工具到绩效评估系统，企业都需要选择和整合适合自身需求的技术工具和平台，以实现数据的集中管理和流程的自动化。

2.1.3 数字化时代的人力资源管理趋势

数字化时代的到来对人力资源管理产生了深远的影响，推动了一系列新的趋势和变革。以下是数字化时代人力资源管理的六个重要趋势：

（1）数据驱动的人力资源决策。数字化时代提供了大量的人力资源数据，包括员工绩效、招聘数据、培训记录等。数据驱动的人力资源决策成为趋势，通过数据分析及预测，企业能够更准确地识别人才需求、制订培养计划、优化组织结构等。人力资源团队需要具备数据分析与解读的能力，以支持企业的战略决策和人力资源管理。

（2）人工智能和自动化技术的应用。人工智能和自动化技术在人力资源管理中的应用逐渐增多。例如，智能招聘系统可以通过自动筛选简历和面试候选人来提高招聘效率；人工智能聊天机器人可以为员工提供即时的HR 支持和解答；自动化的绩效管理系统可以简化绩效评估过程；等等。这些技术的应用不仅提高了工作效率，还减少了人为偏差和错误。

（3）灵活工作模式的普及。数字化时代催生了灵活工作模式的普及，远程办公、弹性工作时间、自主决策等灵活工作安排成为趋势。这种趋势不仅能够提高员工的工作满意度和生活质量，还能够吸引更多的优秀人才。人力资源管理需要配合这一趋势，建立相应的政策和流程，确保灵活工作模式的顺利实施，并监控员工的工作成果和绩效。

（4）数字化学习和发展。数字化时代为员工提供了更多的学习机会和发展机会。在线培训、虚拟学习、移动学习等数字化学习方式的出现，使得员工能够根据自身需求和时间安排进行个性化的学习。同时，企业可以利用学习管理系统和在线平台提供各类学习资源和培训课程，帮助员工不断提升技能和知识，促进个人和组织的发展。

（5）对员工体验的重视。数字化时代注重员工体验的重要性。员工希望在工作中获得更好的体验，包括工作环境、工作氛围、工作关系等。人力资源管理需要重视员工的需求和反馈，通过提供个性化的福利、职业发展机会、灵活的工作安排等方式，提升员工的参与度和满意度。

（6）强调人力资源的战略地位。数字化时代使得人力资源管理在企业中的战略地位日益突出。人力资源团队不再只是执行者，而是战略伙伴和价值创造者。人力资源管理需要与企业的战略目标紧密对齐，积极参与决策制定，提供战略性的人力资源解决方案，推动企业的可持续发展。

2.2 数字化人力资源战略的关键要素

2.2.1 强调战略定位与愿景

在数字化时代的人力资源管理中，战略定位与愿景的重要性愈发凸显。以下是关于强调战略定位与愿景的五个方面：

（1）与企业战略的一致性。人力资源管理的战略定位必须与企业的整体战略定位相一致。人力资源团队需要深入了解企业的愿景、目标和价值观，将其转化为具体的人力资源管理策略和行动计划。只有与企业战略相一致，人力资源管理才能更好地支持企业的业务发展和目标实现。

（2）基于数据和洞察的战略决策。数字化时代提供了大量的数据和信息，人力资源团队可以通过数据分析和洞察，制定更加科学、有效的战略决策。基于数据的战略决策可以更好地预测人才需求、识别绩效差距、优化组织结构等。人力资源团队需要建立数据驱动的决策机制，并运用先进的数据分析工具和技术，以支持战略定位和决策制定。

（3）未来导向的愿景和目标。数字化时代对企业提出了更高的要求和挑战。人力资源管理需要有一个明确的未来导向的愿景和目标，其中愿景包括构建高效的人力资源流程、培养高绩效的团队、实现员工的全面发展等；愿景和目标应该具有激励性和吸引力，能够激发员工的积极性和创造力，推动组织向着更高的水平迈进。

（4）创新和变革的推动者。强调战略定位和愿景的人力资源团队应该成为创新和变革的推动者。数字化时代不断涌现新的技术和方法，人力资源团队需要紧跟时代的潮流，探索并引入新的人力资源管理工具和技术，促进组织内部的创新和变革。团队成员需要具备创新思维和敏捷应变的能力，以应对日新月异的市场环境和业务环境。

（5）战略伙伴的角色。强调战略定位和愿景的人力资源团队应该成为企业的战略伙伴，他们应该与企业的高层管理层密切合作，参与战略决策的制定和执行。通过与业务部门的深度合作，人力资源团队可以更好地了解业务需求和挑战，提供相应的人力资源解决方案，并为企业战略目标的实现做出贡献。

2.2.2 数据驱动的决策和分析

在数字化时代的人力资源管理中，数据驱动的决策和分析扮演着至关重要的角色。以下是关于数据驱动的决策和分析的五个方面：

（1）数据收集与整合。人力资源管理需要收集和整合各类相关数据，包括员工绩效数据、培训记录、招聘数据、离职率等。这些数据可以来自各种渠道，如员工调查、绩效评估系统、人力资源信息系统等。数据的收集和整合是数据驱动决策的基础，确保数据的准确性和完整性是关键。

（2）数据分析与洞察。收集和整合的数据需要进行分析和挖掘，以获得有价值的洞察。数据分析包括各种技术和方法，如统计分析、数据挖掘、机器学习等。通过数据分析，人力资源团队可以了解员工的绩效表现、发现潜在的人才需求、识别绩效差距、预测离职风险等。数据分析的结果将为决策提供科学的依据和指导。

（3）预测和模拟。基于数据的分析和洞察，人力资源团队可以进行预测和模拟，以支持决策制定。例如，通过分析员工的绩效数据和培训记录，可以预测未来的绩效提升和培养需求；通过模拟不同的组织结构和人员配置，可以评估不同方案的效果和影响；等等。预测和模拟能够帮助人力资源团队更好地制定策略，做出明智的决策。

（4）个性化和定制化的解决方案。数据驱动的决策和分析使得人力资源管理能够提供个性化和定制化的解决方案。通过深入了解员工的个体差异和需求，结合数据分析的结果，人力资源团队可以为不同员工提供量身定制的福利、培训和发展计划。个性化的解决方案能够提高员工的参与度、忠诚度和满意度，增强员工承诺感。

（5）持续优化和改进。数据驱动的决策和分析不是一次性的工作，而是一个持续优化和改进的过程。人力资源团队需要不断收集、分析和应用数据，监测决策的效果，并根据反馈进行调整和改进。数据驱动的决策和分析是一个循环往复的过程，可以帮助人力资源团队不断提升工作的效率和质量。

2.2.3 人才招聘和发展的数字化创新

在数字化时代，人力资源管理的一个重要方面是人才招聘和发展的数字化创新。以下是关于人才招聘和发展的数字化创新的五个方面：

（1）智能化招聘工具。在数字化时代的招聘过程中，智能化招聘工具的应用越来越广泛，包括招聘网站、在线招聘平台、人工智能驱动的招聘机器人等。智能化招聘工具能够提高招聘效率和准确性。通过数据分析和算法匹配，企业可以更快地找到合适的候选人；同时，这些工具也提供了更好的候选人体验，简化了申请流程和面试流程。

（2）数据驱动的人才选择。数字化时代的人才选择倾向于数据驱动的方法。人力资源团队可以利用大数据分析和人工智能技术，从大量的数据中筛选和评估候选人的能力及匹配度。通过分析候选人的履历、技能、社交媒体活动等，人力资源团队可以更准确地预测候选人的绩效和潜力。数据驱动的人才选择有助于降低招聘的风险和成本，并提高招聘的成功率。

（3）在线学习和发展平台。数字化时代提供了丰富的在线学习和发展平台，人力资源团队可以利用这些平台为员工提供个性化的学习机会和发展机会。在线学习平台可以提供各种形式的培训课程和学习资源，员工可以根据自身需求和兴趣进行学习；同时，这些平台也提供了跟踪和评估员工学习成果的工具，能够帮助人力资源团队更好地了解员工的学习需求和发展情况。

（4）职业发展规划工具。数字化时代的人才发展强调个体的职业发展规划。人力资源团队可以利用数字化工具帮助员工制订并实施职业发展规划，这些工具可以提供职业测评、职业道路规划、个人目标设定等功能，促使员工更清晰地了解自己的职业发展方向，并提供相应的支持和资源。职业发展规划工具的应用有助于增强员工的参与感和体验感，从而促进组织和员工的共同发展。

（5）数据分析与人才预测。数字化时代的人才管理越来越注重数据分析和人才预测。通过分析员工数据和市场趋势，人力资源团队可以预测未来的人才需求和供给情况，提前采取相应的人才储备与发展计划。人才预测的准确性和及时性能够帮助企业更好地应对人才挑战，确保组织具备持续发展的人才储备能力。

2.2.4 提高员工体验与参与度

在数字化时代的人力资源管理中，提高员工体验与参与度成为关注的焦点。以下是关于提高员工体验与参与度的五个方面：

（1）个性化员工体验。数字化时代的人力资源管理注重提供个性化的员工体验。通过数字化工具和平台，人力资源团队可以了解员工的需求和偏好，并根据其个体差异提供相应的支持和资源。个性化的员工体验包括灵活的工作安排、个性化的培训计划以及福利和奖励方案的定制等。这些举措能够增强员工的满意度和忠诚度，提升工作的效能和绩效。

（2）积极参与员工意见和反馈。数字化时代提供了更多的渠道和机制，使员工能够积极参与和表达自己的意见及反馈。人力资源团队可以利用在线调查、员工反馈平台、社交媒体等工具收集员工的意见和反馈，并及时响应和处理。积极参与员工意见和反馈能够增强员工的参与感和归属感，同时也为人力资源团队提供宝贵的信息和改进的机会。

（3）提供自助服务和信息透明度。数字化工具和平台使得自助服务和信息透明度成为可能。人力资源团队可以为员工提供自助服务，如在线申请假期、查询工资和福利信息、更新个人资料等；同时，通过数字化平台，人力资源团队可以提供及时的组织与人力资源信息，如政策更新、培训机会、职业发展路径等。提供自助服务和信息透明度能够提高员工的工作效率和满意度，减轻人力资源团队的工作负担。

（4）强化员工参与的活动和项目。数字化时代提供了更多的方式和渠道来增强员工的参与度。人力资源团队可以组织员工参与的活动和项目，如团队建设活动、创新挑战、员工倡议计划等。这些活动和项目能够增强员工之间的合作和沟通，激发员工的创造力和动力，并提高员工的工作满意度和归属感。

（5）建立积极的企业文化。数字化时代的人力资源管理强调建立积极的企业文化。人力资源团队可以通过数字化工具和平台传达和强化企业的价值观和文化。例如，在内部通信平台上分享成功故事和员工的成就，以及利用社交媒体平台展示企业的文化和工作环境等。积极的企业文化能够激发员工的积极性，增强组织的凝聚力和竞争力。

2.2.5 建立数字化人力资源生态系统

在数字化时代，建立一个完整的数字化人力资源生态系统对于组织的成功至关重要。以下是关于建立数字化人力资源生态系统的六个方面：

（1）数据整合与共享。数字化人力资源生态系统的基础是数据整合与共享。不同的人力资源管理系统和工具应当能够互相连接、共享数据，以确保数据的一致性和准确性。通过数据整合和共享，人力资源团队可以获得全面的人力资源数据，并进行综合分析和决策。

（2）人力资源平台和工具。数字化人力资源生态系统需要建立相应的人力资源平台和工具，以支持各项人力资源管理活动。这些平台和工具包括招聘管理系统、员工信息管理系统、绩效管理系统、培训管理系统等。这些工具应当具备易用性、灵活性和可定制性，能够满足组织的特定需求。

（3）自动化流程和智能化流程。数字化人力资源生态系统的目标之一是实现自动化和智能化的流程。通过引入人工智能和自动化技术，企业可以简化和加快各项人力资源管理流程，减少人力资源团队的烦琐工作，使其能够更专注于战略性的任务和决策。

（4）数据分析与预测能力。数字化人力资源生态系统应当具备强大的数据分析与预测能力。通过数据分析，企业可以快速洞察和预测趋势，支持人力资源决策的科学性和准确性。同时，通过数据预测，人力资源团队可以准确预测人力资源需求、员工流动趋势等，为组织的战略规划提供有力的支持。

（5）多渠道和个性化体验。数字化人力资源生态系统应当提供多渠道和个性化的员工体验。员工可以通过不同的渠道访问人力资源相关信息，如在线平台、移动应用程序等。这些信息应当根据员工的个体需求和偏好进行个性化定制，为其提供个性化的学习、发展和福利计划。

（6）持续创新和改进。数字化人力资源生态系统需要持续创新和改进。随着技术的不断发展和业务环境的变化，人力资源团队应当不断寻求创新的解决方案，并进行系统的改进和优化，包括探索新的技术应用、引入新的工具和平台，以及持续改进流程和方法等。

2.3　数字化人力资源战略的案例研究

2.3.1　全球领先企业的数字化人力资源实践

全球领先企业在数字化时代已经开始采取一系列创新的数字化人力资源实践，以提升人力资源管理的效率、准确性和个性化。下面列举一些全球领先企业的数字化人力资源实践案例。

（1）谷歌（Google）。谷歌一直以来以其创新和前瞻性的人力资源管理而闻名。谷歌通过自主开发的人力资源管理平台，提供了员工自助服务和信息透明度。员工可以通过内部平台查询并更新个人信息、申请休假、查看培训资源等。此外，谷歌还利用大数据分析和人工智能技术来预测员工流动和提供个性化的职业发展计划。

（2）亚马逊（Amazon）。亚马逊积极采用自动化技术来改善人力资源管理流程。其引入了自动化的招聘流程，利用机器学习算法对候选人进行筛选和匹配。此外，亚马逊还利用大数据分析来优化员工的工作安排和培训计划，以提高员工的生产力和满意度。

（3）脸书（Facebook）。脸书通过其内部的人力资源管理平台，提供了丰富的自助服务和社交化的员工体验。员工可以使用该平台进行自助招聘、在线培训、内部协作等。脸书还通过人工智能技术分析员工的社交网络和交流模式，以便更好地了解员工的需求和动态。

（4）微软（Microsoft）。微软利用人工智能和机器学习技术来改进人力资源决策和预测。其人力资源团队开发了名为"myCareer"的内部平台，用于提供个性化的职业发展计划和学习资源。平台利用员工技能与兴趣方面的数据，同内部职位和项目进行匹配，以促进员工的职业发展和内部流动。

（5）宝洁（Procter & Gamble）。宝洁借助数字化技术来改善员工培训和发展。其开发了一个名为"myPGConnect"的在线学习平台，提供了广泛的培训课程和资源，员工可以根据自己的需求和兴趣进行学习。宝洁还利用数据分析来评估员工的学习进展和成果，以便提供个性化的培训建议和反馈。

2.3.2 小型企业的数字化转型经验

数字化转型不仅适用于大型企业，对于小型企业来说，也是一个重要的发展方向。下面是关于一些小型企业在数字化转型过程中的经验和实践。

（1）选择合适的数字化工具。小型企业应当选择适合其规模和需求的数字化工具和平台。这些工具包括招聘管理系统、员工信息管理软件、在线培训平台等。选择易用、成本效益高的工具，可以帮助小型企业提升工作效率和准确性。

（2）自动化流程。小型企业可以通过自动化流程来简化和加速人力资源管理的流程。例如，引入自动化招聘系统可以帮助企业更高效地筛选和招聘人才。自动化流程可以减少烦琐的手动操作，节省时间和精力。

（3）引入云计算技术。小型企业可以利用云计算技术来存储和管理人力资源数据。云计算提供了灵活、可扩展的存储能力和计算能力，使小型企业能够随时随地访问并共享人力资源数据，同时减少了硬件与维护成本。

（4）社交媒体招聘和品牌建设。小型企业可以利用社交媒体平台来招聘和建立品牌形象，通过发布招聘信息、展示企业文化和工作环境，吸引人才和提高知名度。此外，小型企业还可以通过社交媒体平台与员工和候选人进行沟通、互动。

（5）数据分析和洞察。小型企业可以利用数据分析来获得人力资源方面的洞察力。通过分析员工绩效、培训成效和流动情况等数据，可以帮助企业做出更明智的决策。此外，数据分析还可以帮助小型企业预测人力资源需求，提前做好人才储备及规划。

（6）人力资源外包。对于小型企业来说，人力资源管理可能是一项资源和专业知识需求较高的任务。因此，一些小型企业选择将人力资源管理外包给专业的人力资源服务提供商。这样一来，便可以节省企业的时间和精力，使其专注于核心业务发展。

2.3.3 行业案例研究：数字化人力资源在不同行业中的应用

数字化人力资源的应用不是局限于特定的行业，而是在各个行业中都能发挥重要作用。下面是一些行业的案例研究，展示了数字化人力资源在不同行业中的应用。

（1）零售业。在零售业，数字化人力资源被广泛应用于招聘、培训和员工管理方面。许多零售企业利用在线招聘平台和人才管理系统，快速筛选和聘用合适的员工。此外，通过数字化培训平台，零售企业能够为员工提供在线培训课程和学习资源，以提高员工的专业技能和销售能力。数字化人力资源还可以提供实时的员工绩效管理和反馈，帮助零售企业更好地管理并激励员工。

（2）制造业。在制造业中，数字化人力资源可以用于提高生产效率和员工安全。制造企业可以利用人工智能和物联网技术监测生产线上的员工活动情况和设备状态，提供实时数据和警报，以及优化生产计划和资源调配。此外，数字化人力资源还可以帮助制造企业进行员工技能匹配和生产线优化，以确保员工在适合的岗位上发挥最大的作用。

（3）金融服务业。数字化人力资源在金融服务业中的应用主要集中在招聘和培训方面。金融机构可以利用在线招聘平台和人才管理系统，更快速地筛选和招聘高素质的金融人才。此外，通过数字化培训平台和虚拟培训技术，金融机构能够为员工提供高质量的培训机会和发展机会，以适应快速变化的金融市场需求。

（4）科技行业。在科技行业，数字化人力资源是不可或缺的。科技企业通常采用在线招聘平台和人才管理系统，以快速招聘和留住优秀的技术人才。此外，数字化人力资源在科技企业的绩效管理和奖励方面也发挥着重要作用。科技企业利用数据分析和人工智能技术，跟踪、评估员工的表现，提供个性化的奖励和晋升机会，以激励和留住关键人才。

（5）医疗保健业。在医疗保健业，数字化人力资源的应用主要涉及招聘、员工培训和健康管理。医疗机构可以通过在线招聘平台和人才管理系统更有效地招聘医疗专业人员。数字化培训平台和虚拟培训技术可用于提供医疗知识和技能培训，以及更新员工对最新医疗技术和政策的了解。数字化人力资源还可以用于员工健康管理，包括监测员工的健康数据和提供个性化的健康建议。

以上行业案例研究显示了数字化人力资源在不同行业中的应用广泛性。通过数字化人力资源的创新应用，企业能够提高招聘效率、优化员工培训与发展计划、改善员工管理与激励机制，以及适应不断变化的市场需求。这些案例为其他行业的企业提供了借鉴和启示，鼓励它们在数字化转型中探索适合自身行业特点和需求的数字化人力资源解决方案。

2.4 数字化人力资源规划的步骤与方法

2.4.1 数据分析和需求评估

数据分析在数字化人力资源战略和规划中扮演着至关重要的角色。通过数据分析，企业可以深入了解员工的需求、趋势和行为，从而更好地制定人力资源策略和计划。下面是数据分析和需求评估在数字化人力资源中的重要性。

（1）员工需求分析。通过数据分析，企业可以了解员工的需求和期望，从而定制和优化人力资源服务与福利计划。例如，企业可以通过员工调查和反馈收集数据，了解员工对培训和发展、工作灵活性、福利待遇等方面的需求。这些数据有助于企业识别关键的员工关注点，并有针对性地提供相应的解决方案，以提高员工满意度和留存率。

（2）预测人才需求。数据分析可以帮助企业预测未来的人才需求，并制定合理的人才战略。通过分析历史招聘数据、业务增长趋势和员工流动情况，企业可以确定所需的人才数量、技能和背景，以满足未来的业务需求。这样的预测可以帮助企业更好地制订招聘计划、培养人才和进行内部晋升，以确保组织的人力资源与业务目标保持一致。

（3）绩效评估和提升。通过数据分析，企业可以评估员工的绩效表现，了解各个层级和团队的绩效情况，并发现潜在的改进机会。数据分析可以帮助企业识别绩效较好的员工，以便为他们提供适当的奖励机会和晋升机会。同时，对绩效不佳的员工进行数据分析可以帮助企业确定培训和辅导的需求，并制订改进计划，以提升员工的整体绩效水平。

（4）战略决策支持。数据分析为企业的战略决策提供了有力支持。通过分析员工数据、组织结构和市场趋势，企业可以识别关键人才、瓶颈岗位和人力资源风险，并制定相应的战略来解决这些问题。数据分析还可以帮助企业评估人力资源投资的回报率，确定投入资源的优先级和方向。

2.4.2 技术工具和平台的选择

在数字化人力资源战略和规划中，选择适合的技术工具和平台是至关重要的。这些工具和平台将成为实现数字化人力资源目标的基础，为企业提供数据收集、分析、管理和沟通的技术。下面是在选择技术工具和平台时应考虑的关键因素。

（1）功能需求。企业需要明确自身的功能需求，即希望技术工具和平台能够提供哪些功能和服务。这可能包括招聘管理、员工培训与发展、绩效管理、薪酬与福利管理、员工自助服务、数据分析和报告等。根据自身的具体需求，企业需要选择能够满足这些功能需求的技术工具和平台。

（2）用户友好性。技术工具和平台应具备良好的用户界面和用户体验，以确保员工和管理人员能够轻松使用和操作。友好的用户界面可以减少企业的培训成本和员工的学习曲线，并提高员工的参与度和满意度。

（3）数据安全性。在选择技术工具和平台时，数据安全性是至关重要的考虑因素。企业应确保自身选择的工具和平台符合数据保护、隐私保护等相关规定，并具备可靠的数据加密与访问控制机制。此外，企业应充分了解供应商的数据备份和灾备措施等情况，以确保数据的安全性和可靠性。

（4）集成性和可扩展性。选择技术工具和平台时，企业应考虑其与现有系统和流程的集成性。工具和平台应能够无缝地集成到企业的现有人力资源系统中，以确保数据的一致性和流动性。此外，考虑到未来的扩展和增长，企业应选择可扩展的技术工具和平台，从而能够适应自身的发展与变化需求。

（5）供应商支持和服务。选择可靠的供应商和服务提供商是成功实施数字化人力资源的关键。企业要评估供应商的声誉、经验和客户支持能力，确保它们能够提供及时的技术支持、培训和维护服务。

（6）成本效益。企业要考虑技术工具和平台的成本效益。企业应评估总体投资回报率，包括实施和维护成本、培训和支持成本，以及预期的效益和效率提升；确保选择的技术工具和平台能够提供可持续的经济效益，并与自身的预算和资源相匹配。

2.4.3　人力资源流程的重新设计

在数字化人力资源战略和规划中，重新设计人力资源流程是至关重要的一步。数字化的机会使企业能够重新审视和改进其人力资源流程，以提高效率、增强数据驱动决策能力，并提供更好的员工体验。下面是在重新设计人力资源流程时应考虑的关键要点。

（1）流程分析和识别瓶颈。企业应对当前的人力资源流程进行全面的分析和评估，识别瓶颈及相关环节，了解流程中的瑕疵和低效之处。这可以通过流程图、数据分析和员工反馈等方式进行。

（2）数据驱动决策。数字化人力资源流程应以数据为基础，使决策更加准确和可靠。企业需要确定关键的数据指标，以衡量流程的绩效和效果；要确保流程中的数据收集、记录和分析能力，以便进行数据驱动的决策和持续改进。

（3）自助服务和自动化。数字化人力资源流程的目标之一是提供员工自助服务和自动化的功能。企业通过引入员工自助门户和自助服务工具，使得员工可以自主管理个人信息、申请假期、查看工资单等。同时，自动化流程可以减少烦琐的手动任务，提高工作的效率和准确性。

（4）简化和标准化。重新设计人力资源流程时，企业应考虑简化和标准化的原则。企业需要消除不必要的环节和复杂性，使流程更加直观和易于理解；要制定标准化的流程和操作指南，以确保一致性和可持续性。

（5）整合和协同合作。数字化人力资源流程应与其他部门和系统进行整合，以实现协同工作和无缝的信息流动。例如，将招聘流程与人才管理系统和绩效管理系统进行整合，以便实现招聘到绩效的无缝衔接和数据共享。

（6）持续改进和监测。重新设计人力资源流程不仅是一次性的工作，还是一个持续改进的过程。企业要确保建立适当的监测与评估机制，以评估流程的效果和改进机会；根据数据分析和反馈，不断优化和调整流程，以适应变化的业务需求和员工期望。

2.4.4 变革管理和组织文化的转变

在数字化人力资源战略和规划中，变革管理和组织文化的转变是成功实现数字化转型的关键要素。数字化转型不仅是引入新的技术和工具，还需要促使组织内部的文化和行为发生积极的变化。下面是在变革管理和组织文化转变中应考虑的重要因素。

（1）变革管理策略。变革管理是引导组织从当前状态向数字化人力资源的未来状态转变的过程。企业需要制定明确的变革管理策略和计划，明确变革的目标、范围、时间表和相关的利益相关者；确保高层管理层的支持和参与，建立变革管理团队，并制订沟通、培训和支持计划，以便组织中的每个成员都能理解和接受变革。

（2）建立数字化文化。组织文化是影响员工行为和态度的重要因素。在数字化转型中，建立支持数字化人力资源的文化至关重要，包括鼓励创新和学习、促进数据驱动决策、强调协作和共享、鼓励适应变化和灵活性等。领导层应发挥积极的作用，以树立榜样，并通过奖励和认可制度来鼓励和强调数字化文化的价值观。

（3）培训和发展。数字化转型需要员工具备新的技能和知识。企业要为员工提供相关的培训机会和发展机会，以帮助员工适应数字化人力资源的要求，包括培训课程、在线学习资源、工作坊和培训项目等。同时，企业还要为员工提供支持和指导，在数字化工具和平台的使用上提供必要的技术培训和辅导。

（4）沟通和参与。有效的沟通是组织变革和文化转变的关键。及时、透明和有效的沟通可以消除疑虑、减轻阻力，并帮助员工理解变革的意义和重要性。企业要建立双向沟通渠道，鼓励员工参与讨论和提供反馈；组织定期的沟通活动、团队会议，建立反馈机制，以确保员工在变革过程中得到充分的信息和支持。

（5）监测和评估。变革管理和组织文化转变是一个持续的过程。企业要建立监测与评估机制，以评估变革的进展和结果；收集员工反馈、参与度和绩效指标等数据，并进行定期的评估和分析。根据评估结果，企业要及时调整和改进变革策略和行动计划，以确保变革的成功和可持续性。

2.4.5　持续评估和改进

在数字化人力资源战略和规划中，持续评估和改进是保持成功的关键。数字化转型是一个不断变化和发展的过程，而持续评估和改进可以帮助组织跟上技术和市场的变化，并不断提高人力资源的效能和价值。下面是在持续评估和改进中应考虑的重要因素。

（1）设定评估指标。企业应确定用于评估数字化人力资源的关键性指标，包括效率指标（如流程周期时间、员工自助率）、质量指标（如准确性、数据完整性）、员工满意度指标、成本效益指标等。这些指标应与数字化人力资源的目标和战略一致，并能够反映其绩效和价值。

（2）数据收集和分析。企业应建立适当的数据收集与分析机制，以收集相关的数据和信息，包括员工调查、数据报告、系统日志、用户反馈等。企业利用数据分析工具和技术，对收集的数据进行分析和解读，以获取有关数字化人力资源效果和改进机会的见解。

（3）评估结果的解读和反馈。企业应对评估结果进行解读和分析，并向相关利益相关者提供反馈，包括管理层、员工、业务部门等。企业在解读评估结果时要注意提供具体、清晰和实用的信息，以便相关方能够理解和采取相应的行动。

（4）持续改进计划。企业应根据评估结果和反馈制订持续改进计划，包括修正和优化现有的数字化人力资源流程、技术和工具，提供必要的培训和支持，以及推动组织文化和行为的变革等。其中，持续改进计划应具体、可操作，并与数字化人力资源的战略和目标保持一致。

（5）实施改进和监测效果。企业应执行持续改进计划，并监测改进的效果。企业需要跟踪指标及其变化，观察改进措施的实施情况，并评估其对绩效和结果的影响。根据监测结果，企业需要对改进计划进行调整和优化，以实现更好的效果。

综上，持续评估和改进是数字化人力资源成功的关键。通过持续的评估和改进，企业可以及时调整和优化数字化人力资源的策略、流程、技术和文化，以适应变化的环境和需求。这将有助于提高效率、增强竞争力，并为企业持续增长助力。

2.5 本章小结

本章围绕数字化人力资源战略与规划展开了全面的研究，涵盖了以下八个关键主题和领域。

（1）数字化转型对企业的影响。数字化转型对企业产生了广泛而深远的影响，它改变了企业的运营方式和人力资源管理的理念，促进了流程的自动化和标准化，提高了效率和准确性。数字化工具和技术为企业提供了更好的数据分析与决策支持能力，推动了组织的创新和竞争优势。

（2）人力资源管理的变革需求。数字化时代对人力资源管理提出了新的挑战和需求。企业需要重新思考并重新设计人力资源流程，以适应数字化环境。人力资源管理需要更加注重数据驱动的决策和分析，以便提供准确的市场洞察和需求预测。同时，人力资源管理需要与技术工具和平台紧密结合，以提供更好的员工体验和参与度。

（3）数字化时代的人力资源管理趋势。在数字化时代，人力资源管理出现了一些重要的趋势，其中包括数据驱动的决策和分析（通过收集和分析数据来制定战略和改进流程）、数字化的人才招聘和发展（利用在线平台和工具来吸引、筛选和培养人才）、强化员工体验感和参与度（通过提供自助服务、员工自主权和多样化的福利来提升员工满意度）、建立数字化人力资源生态系统（整合各种工具和系统，实现数据的无缝流动和协同合作）。

（4）强调战略定位与愿景。数字化人力资源战略和规划需要与企业的整体战略定位和愿景相一致。数字化人力资源的实施应该与企业的长期目标和价值观相契合，以确保战略的一致性和持续的支持。

（5）数据驱动的决策和分析。数据在数字化人力资源管理中起着至关重要的作用。通过收集、整理和分析数据，人力资源部门能够制定准确的决策、识别趋势和问题，并提供有针对性的解决方案。数据分析可以帮助人力资源管理者更好地了解员工需求、优化招聘流程、改进培训与绩效管理，并提高员工的参与度和满意度。

（6）人才招聘和发展的数字化创新。数字化创新在人才招聘和发展中发挥了重要作用。通过数字化平台和工具，企业能够更广泛地吸引和筛选人才，提高招聘效率和准确性。同时，数字化工具也为员工提供了在线学习和发展的机会，促进了员工的职业成长和提升。

（7）强化员工体验与参与度。在数字化时代，员工体验和参与度成了人力资源管理的重要关注点。通过提供便捷的自助服务、优化的员工体验和多样化的福利待遇，企业能够提升员工满意度和忠诚度。数字化工具和平台也为员工提供了更多参与和表达意见的渠道，增强了员工的参与感和归属感。

（8）建立数字化人力资源生态系统。为了实现数字化人力资源的成功，企业需要建立一个完整的数字化人力资源生态系统，包括整合各种数字化工具和系统，实现数据的无缝流动和协同合作。数字化人力资源生态系统应该与企业的其他部门和业务流程相衔接，实现全面的数字化转型。

通过以上研究可以看出，数字化人力资源战略和规划对于企业的重要性和影响不言而喻。数字化转型为企业提供了巨大的机遇和挑战，而有效的数字化人力资源管理可以帮助企业更好地适应变化，并获得竞争优势。而数字化人力资源的成功，则需要战略的定位、数据驱动的决策和分析、人才招聘和发展的创新、员工体验与参与度的强化，以及建立完整的数字化人力资源生态系统。

3 数字化人力资源工作分析岗位评价研究

随着信息技术的迅猛发展和数字化转型的不断深化,人力资源管理领域也在经历着前所未有的变革。在数字化时代,企业和组织不再只是依赖传统的人力资源管理方法,而是越来越多地将数字化技术融入人力资源工作的方方面面。其中,人力资源工作分析与岗位评价作为人力资源管理的基础环节,也在数字化的浪潮下发生了深刻的变化和创新。

在传统的人力资源管理中,人力资源工作分析是为了了解不同岗位的职责、要求、技能和能力,从而为招聘、培训、绩效管理等提供支持。而岗位评价则是评估不同岗位在组织中的重要性、价值和报酬水平,以制定合理的薪酬体系和激励政策。然而,随着数字化技术的引入,传统的人力资源工作分析与岗位评价方法面临着许多挑战和机遇。

首先,数字化技术为人力资源工作分析提供了更丰富、更准确的数据来源。通过大数据分析、人工智能等技术,可以从员工的工作表现、行为数据、社交媒体等多维度信息中获取有关工作内容和特征的数据,从而更准确地描绘不同岗位的工作实质。这使得人力资源专业人员能够更加客观地了解岗位的需求和特点,为招聘和培训提供更有针对性的建议。

其次,数字化技术为岗位评价带来了更灵活的方法和更精细的分析。传统的岗位评价常常依赖于专家判断和问卷调查,容易受主观因素影响,而数字化时代可以借助数据分析和模型建立,更加客观地评估不同岗位的价值。同时,数字化技术也使得岗位评价可以更加灵活地适应不断变化的组织需求,及时调整岗位价值和薪酬体系,提高组织的适应性和竞争力。

因此,研究数字化时代下的人力资源工作分析与岗位评价具有重要的理论意义和实践意义。通过深入研究数字化技术在人力资源管理中的应用,可以为企业和组织提供更科学、更有效的人力资源管理方法,帮助其实现人才优化配置、提高员工绩效和满意度，进而促进组织的可持续发展；同时，还可以为人力资源管理领域的学术研究提供新的思路和方法，丰富人力资源管理理论体系，推动学科的进一步发展。

3.1　人力资源工作分析的理论基础

3.1.1　人力资源工作分析的概念与定义

人力资源工作分析是人力资源管理领域中的一项关键任务，旨在深入了解和描述组织中不同岗位的工作内容、职责、技能要求以及工作环境等方面的特征。它是构建有效的人力资源管理体系和支持招聘、培训、绩效管理等决策的基础。

人力资源工作分析的概念可以从以下五个方面进行定义：

（1）工作内容和特点的描述。人力资源工作分析是一种系统性的方法，通过收集、分析和描述不同岗位的工作内容、职责和特点，包括工作任务、目标、工作流程、所需技能、知识和背景等，有助于建立清晰的工作描述，确保岗位的职责和要求得到准确的传达。

（2）职能和职责明晰化。人力资源工作分析帮助确定每个岗位的职能和职责，包括工作的范围、权责和所需的决策权，有助于消除角色不清晰和职责交叉的问题，提高工作效率和团队协作能力。

（3）技能和能力要求确认。通过人力资源工作分析，可以确定每个岗位所需的技能、知识、能力和素质，从而为招聘、培训和绩效管理提供准确的指导，有助于企业招聘合适的人才，并为员工的职业发展提供支持。

（4）岗位评价与激励。人力资源工作分析与岗位评价密切相关。在岗位评价中，工作分析的结果可以用来评估岗位的重要性、价值和难度，从而制定薪酬体系、绩效激励和晋升规则。

（5）决策支持。人力资源工作分析为组织提供决策支持的基础数据，帮助管理层制定战略性的人力资源规划和政策。它使组织能够更好地配置人才资源，应对人才流动和变革。

3.1.2　人力资源工作分析的历史演进

人力资源工作分析作为人力资源管理领域的重要环节，其历史演进经历了多个阶段,从最初的简单任务描述到如今的数字化时代的复杂分析方法。下面介绍人力资源工作分析在不同时期的演进过程。

(1)传统阶段(19世纪60—90年代)。在工业化初期,人力资源工作分析主要关注对劳动岗位的简单描述,重点在于确定工作任务、工作流程和所需技能。这个阶段的工作分析主要是提高生产效率和劳动组织,以满足工业化时代对劳动力的需求。

(2)组织行为学阶段(20世纪初期至20世纪50年代)。随着组织行为学的兴起,人力资源工作分析开始关注员工的行为和组织的人际关系,其分析方法逐渐从简单的工作任务描述扩展到了员工的行为特点、沟通方式、团队合作等方面。此阶段强调员工满意度和工作动机,试图通过分析来提高员工的参与和投入。

(3)职业心理学与能力模型阶段(20世纪60—90年代)。随着职业心理学和人才管理理论的发展,人力资源工作分析开始关注员工的职业发展、人格特点和能力素质。此时的工作分析逐渐将焦点从单一任务转移到了员工的适应性、自我管理和领导潜力等方面,以更好地支持员工的职业生涯规划。

(4)数字化时代(21世纪初至今)。随着数字化技术的广泛应用,人力资源工作分析进入了数字化时代。传统的工作分析方法逐渐融合了大数据分析、人工智能、自然语言处理等技术,使分析过程更加精细、全面和客观。数字化技术使得企业可以从多维度的角度更准确地了解岗位特点,为招聘、培训、绩效管理等提供更精细化的支持。

总体来看,人力资源工作分析经历了从简单任务描述到多维度行为特点和能力模型,再到数字化时代的演进过程。每个阶段都在不同程度上丰富了工作分析的内容和方法,使其更好地适应不断变化的人力资源管理需求。数字化时代的到来为人力资源工作分析带来了更广阔的前景,通过数字化技术的应用,工作分析将更具有深度、广度和前瞻性。

3.1.3 人力资源工作分析的重要性与作用

人力资源工作分析在组织的人力资源管理中扮演着重要的角色,其重要性和作用体现在以下七个方面:

(1)招聘与招聘适配。人力资源工作分析帮助确定岗位的职责和所需技能,为招聘提供了明确的指导。通过了解岗位的工作特点,企业能够更准确地编制招聘广告、筛选简历，从而吸引和选拔与岗位要求相匹配的人才，提高招聘效率和招聘质量。

（2）培训与发展。工作分析结果可以为培训和发展计划提供基础。企业通过了解岗位所需的技能和知识，可以制订有针对性的培训计划，帮助员工不断提升专业素质和职业能力，以促进组织内部人才的成长和发展。

（3）绩效管理与激励。人力资源工作分析有助于建立明确的绩效标准和评估体系。通过确定工作目标和职责，企业可以制定合理的绩效指标，有效评估员工的工作表现，并根据绩效结果进行奖惩和激励，提高员工的工作动力和满意度。

（4）薪酬管理与岗位评价。工作分析结果为薪酬管理和岗位评价提供了依据。了解岗位的价值和重要性，可以帮助企业制定公平合理的薪酬体系，确保员工薪资与岗位价值相匹配，提高薪酬公平性和员工满意度。

（5）组织设计与变革。人力资源工作分析有助于组织设计和变革。通过了解不同岗位的职责和关系，可以帮助企业进行岗位重组、合并或精简，实现组织结构的优化和适应性调整。

（6）职业规划与人才储备。工作分析可以为员工的职业规划提供指导，使员工准确了解岗位的发展路径和所需能力，还可以让企业有针对性地培养和提升员工的职业素质，更好地规划员工的个人职业发展。

（7）组织效率与效能。通过清晰的工作分析，可以避免角色重叠和职责不清的问题，提高组织内部的工作效率和协作效能，确保每个岗位都能发挥其最大的作用。

3.1.4 人力资源工作分析的方法与流程

人力资源工作分析的方法与流程是确保分析结果准确、有效的关键因素。下面是人力资源工作分析的常用方法和典型流程的概述。

3.1.4.1 常用方法

（1）任务分析法。企业通过详细分析岗位中的各项任务、活动和职责，确定工作的内容、顺序、频率和难度。任务分析法适用于工作内容较具体、明确的岗位。

（2）观察法。研究员工在实际工作中的表现时，企业可以通过观察和记录来了解工作的细节、流程和特点。观察法适用于需要直接了解员工行为和工作环境的情况。

（3）访谈法。企业通过与岗位持有者和相关人员进行访谈，获取他们对于工作职责、要求和特点的认知和看法。访谈法有助于企业深入了解员工的心理状态和主观看法。

（4）问卷调查法。企业通过设计问卷并发放给岗位持有者和相关人员，以收集他们对于工作内容、技能要求等方面的信息。问卷调查法可以扩大样本范围，获取更多的数据。

（5）专家法。专家法是指由专业人士或领域专家对岗位进行分析，结合自身专业知识和经验，对工作特点进行评估和描述。专家法可以为企业提供专业的判断和建议。

3.1.4.2　典型流程

（1）确定目标和范围。企业需要确定分析的目标和范围，明确需要分析的岗位和所关注的方面，如工作内容、职责、技能要求等。

（2）收集信息。企业需要选择适当的方法，收集与目标相关的数据。企业可以通过任务分析、访谈、观察、问卷等方式获取信息。

（3）数据整理与分类。企业需要将收集到的数据进行整理和分类，同时将各项任务、职责、技能等因素进行归纳和总结。

（4）分析和描述。企业需要基于收集到的数据，对岗位的工作内容、特点、技能要求等进行分析和描述。企业可以使用图表、文档等方式展示分析结果。

（5）验证和确认。企业需要将分析结果与岗位持有者和相关人员进行验证和确认，以确保分析结果的准确性和合理性。

（6）应用与沟通。企业需要将分析结果应用于招聘、培训、绩效管理等方面，与员工和管理层进行沟通，以确保分析成果得到有效应用。

（7）更新与调整。企业需要定期审查和更新工作分析结果，随着岗位和组织的变化进行必要的调整和优化。

人力资源工作分析的方法和流程可以根据不同的组织需求和岗位特点进行调整和灵活应用。在数字化时代，数字化技术的应用为人力资源工作分析带来了更多的创新方法和工具，如大数据分析、人工智能等，从而进一步提升了分析的准确性和效率。

3.2 数字化时代的人力资源管理环境

3.2.1 数字化时代背景下的人力资源管理变革

数字化时代的到来为我们带来了巨大的变革，对各个领域都产生了深远的影响，人力资源管理领域也不例外。数字化时代背景下的人力资源管理变革体现在以下七个方面：

（1）数据驱动的决策。数字化技术使人力资源管理可以更好地基于数据和事实进行决策。通过大数据分析和数据挖掘，企业和组织可以更加深入地了解员工的行为、绩效、离职率等，从而为招聘、绩效管理、培训等提供更准确的支持和决策依据。

（2）招聘与人才管理。数字化时代使得招聘变得更加智能化和精准化。人工智能可以筛选简历，识别匹配度高的候选人，减少人力成本和时间投入。同时，数字化时代也提供了更广阔的人才来源，如社交媒体、职业社区等，从而为企业招聘带来更多可能性。

（3）培训与学习。在数字化时代，员工可以通过在线培训、虚拟现实等方式进行远程学习和技能提升，提高培训的灵活性和效率。数字化技术还可以帮助企业根据员工的学习进度和兴趣，提供更具个性化的培训内容和建议。

（4）绩效管理与反馈。数字化时代使绩效管理更加透明和实时化。员工和管理层可以随时访问绩效数据和评估结果，进行实时的反馈和调整。数字化技术还可以通过数据分析识别绩效优秀的员工，提供更有针对性的奖励与激励政策。

（5）员工体验与参与。数字化时代注重员工体验和参与。数字化工具可以提供员工自助服务，如在线请假、报销等，提高员工的满意度和工作的便利性。同时，员工可以通过数字化平台参与员工反馈、意见征集等，以增强员工的参与感和归属感。

（6）数据安全与隐私保护。随着数字化的加深，数据安全和隐私保护成为企业和组织的重要关切问题。人力资源管理需要建立健全数据安全政策和隐私保护措施，以确保员工信息得到合理的保护和使用。

（7）变革的领导力与组织文化。数字化时代需要适应变化和创新的领导力和组织文化。领导者需要具备数字化技术的理解能力和应用能力，引领组织的数字化转型。组织文化也需要适应数字化时代的价值观和方式，鼓励员工学习、创新和协作。

3.2.2 人力资源数字化转型的关键技术与工具

人力资源数字化转型是组织在数字化时代为了提高效率、优化流程和增强竞争力而采取的重要举措。下面是人力资源数字化转型的关键技术与工具。

（1）人工智能（AI）。AI 技术在人力资源管理中的应用非常广泛，包括自然语言处理、机器学习、数据挖掘等。AI 可以用于简历筛选、智能招聘、员工绩效分析等领域，从大量数据中自动发现规律和趋势，提高招聘效率和员工管理精度。

（2）大数据分析技术。大数据分析技术可以帮助人力资源部门处理并分析庞大的员工数据，如绩效数据、薪酬数据、员工满意度调查等。通过数据分析，人力资源部门可以发现隐藏的关联性、优化人力资源决策、预测人才流动等。

（3）虚拟现实（VR）和增强现实（AR）。VR 技术和 AR 技术可以用于员工培训和发展，创造更身临其境的学习体验。通过虚拟现实环境，员工可以模拟实际工作场景，提高技能和决策能力。

（4）人力资源信息系统（HRIS）。HRIS 是一种集成的信息系统，用于管理员工信息、薪酬、绩效、培训等数据。它可以提供实时的员工信息和报告，支持人力资源决策和管理。

（5）人才管理系统（TMS）。TMS 可以用于招聘、培训和绩效管理的集成管理。它可以帮助企业更好地管理人才招聘流程、制订培训计划和评估绩效。

（6）在线学习平台。在线学习平台可以提供丰富的培训资源，员工可以随时随地进行学习，提高技能和知识水平。这也有助于员工的职业发展和自我提升。

（7）社交媒体和企业内部社交平台。社交媒体和企业内部社交平台可以用于招聘、员工沟通和知识共享。它可以帮助企业吸引人才、提高员工参与度、促进跨部门协作。

（8）人力资源分析工具。人力资源分析工具可以帮助人力资源部门进行数据可视化和分析，将数据转化为图表、报告和指标，从而为决策提供更直观的支持。

（9）人力资源移动应用。人力资源移动应用可以使员工随时随地访问员工信息、提交申请、参加培训等，以提高员工的自主性和工作的便利性。

这些关键技术和工具都在不同程度上支持了人力资源数字化转型，提高了工作效率、数据准确性和员工参与度。然而，数字化转型不只是引入技术，还需要与组织的战略目标相匹配，适应文化变革，培养数字化素养和领导力。只有将技术与战略和文化相结合，才能实现人力资源数字化转型的成功。

3.2.3　数字化时代对人力资源工作分析与岗位评价的影响

数字化时代的到来对人力资源工作分析与岗位评价产生了深刻的影响，从数据获取到分析方法都发生了重要变革。下面是数字化时代对这两个领域的影响。

（1）数据获取与多维度分析。数字化时代使得获取岗位相关数据更加便捷和全面。通过大数据技术，人力资源部门可以从员工绩效数据、工作表现、社交媒体等多个维度收集数据，从而为工作分析提供更准确的信息基础。这使得分析结果更全面、客观，并能够更好地描绘岗位的特点和要求。

（2）精准招聘与匹配。数字化时代为招聘带来了更多的精准匹配机会。基于数据分析和人工智能，人力资源部门可以更精确地分析岗位要求和候选人的技能、经验等，以从大量候选人中筛选出最匹配的人才，提高招聘效率和质量。

（3）岗位需求的灵活性。数字化时代使组织更容易适应变化和创新。通过数据分析，人力资源部门可以更准确地了解岗位的需求和变化趋势，及时调整岗位描述和要求，从而更好地适应市场变化和组织发展。

（4）岗位评价的客观性。数字化技术可以提供更客观的岗位评价方法。基于数据分析和模型建立，人力资源部门可以更准确地评估岗位的价值和重要性，避免主观判断的偏差，从而为薪酬体系和绩效激励提供更合理的依据。

（5）实时调整与反馈。数字化时代使岗位评价更具实时性和灵活性。

企业和组织可以根据数据的变化随时调整岗位价值和薪酬水平，同时也能够更及时地为员工提供绩效反馈和发展建议，从而提高绩效管理的效果。

（6）跨部门协作与知识共享。数字化时代的工作分析和岗位评价可以促进跨部门协作和知识共享。数字化平台可以让不同部门共同参与工作分析和岗位评价的过程，从而实现更全面的分析和评价。

（7）精细化岗位设计与匹配。数字化时代使岗位设计更加精细和个性化。通过数据分析，人力资源部门可以更好地了解员工的能力和倾向，将岗位的设计与员工的优势和兴趣相匹配，提高员工的满意度和工作效能。

3.3 数字化人力资源工作分析的方法与实践

3.3.1 大数据在人力资源工作分析中的应用

大数据技术在人力资源工作分析领域的应用正在迅速扩展，它为人力资源专业人员提供了更深入、全面、准确的数据分析能力，从而支持更精细化的人才管理和决策制定。下面是大数据在人力资源工作分析中的主要应用领域。

（1）招聘优化与预测。大数据可以分析海量的招聘数据，包括求职者的简历、社交媒体信息等，以及预测招聘流程中的每个环节。通过数据挖掘和分析，企业可以识别出最佳的招聘渠道、预测招聘难度，从而提高招聘效率和质量。

（2）员工绩效分析。大数据可以收集员工的绩效数据、工作表现、培训历史等信息，分析员工的优点、问题和成长轨迹。这有助于企业确定高绩效员工的共同特征，从而为培训和绩效管理提供定制化的策略。

（3）岗位特征分析。大数据可以帮助企业深入了解不同岗位的工作内容、技能需求、发展路径等。通过分析大量的岗位数据，企业可以描绘出岗位的多维特征，从而为员工招聘、培训和晋升提供更精确的指导。

（4）员工流动预测。通过大数据分析，企业可以识别出员工流动的潜在趋势和影响因素。对员工的离职倾向进行预测，有助于企业及早采取措施留住关键人才，减少组织的人才流失。

（5）员工满意度分析。大数据可以帮助企业分析员工的反馈、调查结果以及其他相关数据，了解员工对工作环境、文化、福利等方面的满意度。基于这些分析，企业可以制订改进计划，提高员工满意度。

（6）培训需求分析。大数据可以分析员工的技能水平、职业发展路径，以及组织的战略需求。通过将这些数据结合起来，企业可以精准地确定培训需求，从而为员工提供更有针对性的培训计划。

（7）薪酬和福利优化。大数据分析可以揭示薪酬和福利与绩效、满意度的关系，从而为企业的薪酬制定和福利优化提供依据。企业可以根据数据调整薪酬结构，提高薪酬的公平性和激励效果。

大数据在人力资源工作分析中的应用，使得人力资源专业人员能够更好地理解员工和组织的需求，提供更准确的支持和决策，从而促进人才的发展和组织的成功。此外，企业也需要注意数据隐私及安全问题，确保数据的合法性和保密性。

3.3.2　人工智能在岗位分析与评价中的作用

人工智能作为数字化时代的重要技术之一，在岗位分析与评价领域发挥着重要作用，通过自动化、智能化的方法提供了更高效、准确的分析和评价支持。下面是人工智能在岗位分析与评价中的主要作用。

（1）自动化数据收集与处理。人工智能可以自动收集、整理和处理大量的数据，包括岗位描述、员工表现、绩效数据等。这减少了人力资源部门相关人员的手动工作，提高了数据处理的效率和准确性。

（2）文本分析与分类。人工智能可以进行自然语言处理，分析文本中的关键信息，从而提取出岗位的关键职责、技能要求等。这有助于决策者快速、准确地了解岗位的特点和要求。

（3）职责与能力匹配。基于人工智能的算法，决策者可以将员工的能力和岗位要求进行匹配，从而评估员工是否适合当前岗位，或者哪些培训可以提升其适应性。

（4）数据模型建立。人工智能可以通过分析数据建立岗位评价模型，将不同维度的数据融合起来，从而得出更准确的岗位价值和薪酬水平。

（5）绩效预测与优化。人工智能可以分析员工的绩效数据，预测未来的绩效趋势，为绩效管理提供更有针对性的指导和建议。

（6）反馈与发展建议。通过分析员工的绩效和表现，人工智能可以为员工提供实时的反馈与发展建议，支持员工的个人发展规划。

（7）自动化报告生成。人工智能可以自动生成岗位分析和评价报告，将数据可视化呈现，为决策者提供直观的分析结果。

（8）智能化决策支持。人工智能可以根据岗位数据和员工表现，提供智能化的决策支持，如薪酬调整、培训规划等。

尽管人工智能在岗位分析与评价中具有众多优势，但仍需要谨慎应用。人工智能的模型建立和分析结果需要进行验证和校准，避免由于数据偏差或算法不当而引发错误的决策。同时，人工智能的应用也需要合理的人为干预，以确保决策结果的合理性和人性化。

3.3.3 虚拟现实技术和增强现实技术在工作分析中的创新应用

虚拟现实技术和增强现实技术在工作分析领域的创新应用正在逐渐展现，这些技术通过模拟和交互，为工作分析带来更丰富的体验和更深入的理解。下面是虚拟现实技术和增强现实技术在工作分析中的创新应用。

（1）职位模拟与体验。虚拟现实技术可以模拟真实的工作场景，让决策者能够亲身体验岗位的工作环境和操作流程。这有助于决策者更深入地了解岗位的特点、难度和所需技能。

（2）工作流程分析。虚拟现实技术和增强现实技术可以将工作流程可视化，将各个步骤和环节呈现为虚拟图像，从而帮助决策者更直观地了解工作流程的细节和复杂性。

（3）物理环境分析。增强现实技术可以在真实的工作场景中叠加虚拟信息，从而帮助决策者更好地理解工作环境的布局、空间利用等因素。

（4）虚拟任务演练。虚拟现实技术可以用于岗位的任务演练，让决策者能够在虚拟环境中模拟工作任务，从而了解所需技能和操作步骤。

（5）交互式数据分析。增强现实技术可以将数据可视化呈现在现实环境中，分析师可以通过手势或眼神移动等方式与数据进行交互，从而深入挖掘数据的关联性。

（6）跨地域合作与沟通。增强现实技术可以支持决策者远程合作和沟通，将不同地点的决策者带入同一个虚拟场景，共同进行工作分析和讨论。

（7）实时反馈与调整。虚拟现实技术和增强现实技术可以实时显示分析结果，让决策者能够在虚拟环境中进行实时的调整和优化，从而提高分析的准确性。

（8）沉浸式数据分析。虚拟现实技术可以将数据呈现为虚拟的图表、图形，让决策者能够沉浸在数据中，从而更深入地理解数据的意义和趋势。

尽管虚拟现实与增强现实技术在工作分析中的应用潜力巨大，但也面临技术成本、设备适应性等挑战。随着技术的发展和成本的降低，这些创新应用有望在工作分析领域发挥越来越重要的作用，从而为决策者提供更直观、深入的工作分析体验。

3.3.4 在线调查与社交媒体分析在人力资源工作分析中的应用

在线调查与社交媒体分析作为数字化时代的重要工具，在人力资源工作分析中发挥着越来越重要的作用，它们可以帮助决策者获取员工和候选人的真实反馈，了解更广泛的观点和情感，从而更好地进行工作分析。下面是在线调查与社交媒体分析在人力资源工作分析中的应用。

（1）员工满意度调查。通过在线调查，人力资源部门可以收集员工的满意度信息，了解员工对工作环境、管理方式、薪酬福利等方面的看法。这有助于企业改进工作环境，提高员工的参与度和满意度。

（2）培训需求调查。在线调查可以帮助人力资源部门了解员工对培训需求的看法，从而制订更符合员工需要的培训计划，提升员工技能。

（3）候选人反馈收集。在线调查可以用于人力资源部门收集候选人在招聘流程中的反馈信息，了解他们对招聘流程、面试体验的感受，从而优化招聘流程，提升候选人体验。

（4）职业发展意愿调查。通过在线调查，人力资源部门可以了解员工的职业发展意愿和目标，为员工规划提供更具体的建议和指导。

（5）社交媒体分析。社交媒体分析可以通过监测员工和候选人在社交媒体上的言论和互动，了解他们的兴趣、观点和态度。这有助于人力资源部门更全面地了解员工和候选人的特点。

（6）岗位需求洞察。通过社交媒体分析，人力资源部门可以了解特定岗位的热点和趋势，从而调整岗位描述和招聘策略，吸引更符合要求的候选人。

（7）员工情感分析。社交媒体分析可以识别员工在社交媒体上的情感表达，了解员工的情绪和态度，从而及时发现员工的不满和问题。

尽管在线调查和社交媒体分析在人力资源工作分析中具有诸多优势，如获取实时反馈、覆盖范围广等，但也需要注意隐私保护和信息真实性的问题。同时，数据的分析和解释也需要专业的知识和方法，以确保得出准确的结论和建议。

3.4 本章小结

综上所述，本章揭示了数字化人力资源工作分析岗位评价的一些关键发现，这对于组织的人力资源管理以及员工的发展和绩效具有重要意义。首先，数字化工具和技术在岗位评价中的应用能够显著提高企业招聘和员工分配的效率。这不仅可以节省组织的时间和资源，还有助于更好地将员工与岗位进行匹配，从而提高员工满意度和绩效。其次，数字化工具为岗位评价提供了更多的数据和分析，有助于更精细地分析岗位的职责和要求，以便更好地满足组织的战略需求。最后，数字化工具还能够支持员工的职业发展规划，帮助他们更好地了解自己的技能和兴趣，以便更好地定位和规划自己的职业道路。

4 数字化人力资源测评与数字化人力资源招聘配置变革研究

　　随着信息技术的飞速发展和智能化时代的到来，数字化转型已成为各个行业的重要趋势。在人力资源管理领域，数字化技术的应用也日益普及，并对传统的人力资源测评和招聘配置方式提出了新的挑战和机遇。

　　传统的人力资源测评方法往往依赖于人工评估和主观判断，存在诸多局限性。例如，主观评估容易受到评估者个人偏好和主观意识的影响，评估结果的客观性和准确性有待提高。此外，传统招聘配置方式通常依赖于纸质简历筛选和面试等手段，效率低下且容易忽视候选人的潜在能力和匹配度。而数字化人力资源测评和招聘配置则利用信息技术和大数据分析等工具，实现了对人才能力和潜力的量化评估与精确匹配。数字化测评工具可以根据大量的数据和模型进行综合评估，减少了主观因素的干扰，提高了评估结果的客观性和准确性。数字化招聘配置则通过智能筛选和匹配算法，快速识别和推荐与岗位要求最匹配的候选人，提高了企业的招聘效率和精准度。

　　数字化人力资源测评和招聘配置的发展不仅为企业带来了更高效的人才管理方式，也为个体求职者提供了更公平和更透明的机会。借助数字化工具，企业可以更准确地了解员工的能力和潜力，有针对性地进行人才培养和发展。同时，求职者也能够通过数字化招聘平台展示自己的优势和特长，获得更多的机会与企业进行匹配。然而，数字化人力资源测评和招聘配置也面临一些挑战和问题。首先，数据隐私和安全性是数字化人力资源管理中的重要考虑因素，如何保护候选人和员工的个人信息安全是一个亟待解决的问题。其次，数字化工具的选择和实施需要综合考虑技术成本、易用性和适应性等因素，需要企业具备相应的技术和管理能力。最后，数字化工具的应用也需要员工和管理者的接受度和适应能力，培训和变革管理成为关键。

4.1 数字化人力资源测评的发展与应用

4.1.1 传统测评方法的局限性

传统的人力资源测评方法通常依赖于人工评估和主观判断，存在着明显的局限性，限制了其在有效评估和选拔人才方面的能力。下面是一些传统测评方法常见的局限性。

（1）主观性和个体偏好。传统测评方法往往基于人工评估和面试，容易受到评估者主观意识和个人偏好的影响。评估者可能在评估过程中受到自身偏见的影响，如性别、年龄、文化背景等因素，导致评估结果的不客观和不准确。

（2）信息不全和片面性。传统测评方法通常只能从有限的信息和片面的观察中获得候选人的评估结果。例如，简历中的文字描述和面试过程中的表现可能无法全面反映候选人的真实能力和潜力。这种信息不全和片面性可能导致评估结果的不准确性和误判。

（3）人力资源成本高。传统测评方法需要大量的人力资源投入，包括人力评估、面试官的培训和时间成本等。这些成本的投入可能会限制测评的规模和频率，影响人力资源管理的效率和效果。

（4）缺乏数据支持和分析。传统测评方法往往缺乏数据支持和量化分析，难以进行数据驱动的决策和预测。例如，在人才选拔过程中，评估者无法利用大数据和统计模型等工具进行更准确的候选人评估和匹配。

（5）缺乏持续跟踪和评估。传统测评方法往往只关注候选人在特定时期的表现和能力评估，缺乏对其在长期发展中的持续跟踪和评估。这种缺乏持续性的评估可能导致评估者无法及时发现和培养潜在的高潜力人才。

4.1.2 数字化测评工具的发展概况

随着信息技术的快速发展，数字化测评工具在人力资源管理领域得到了广泛应用。这些工具基于先进的技术和算法，通过量化和分析大量的数据，提供了更科学、客观和准确的评估结果。下面是数字化测评工具的一些主要发展概况。

（1）心理测评工具。心理测评工具是数字化测评的重要组成部分，用于评估候选人的心理特征、人格特质、认知能力等方面。这些工具通常基于心理学理论和量表设计，并结合计算机技术实现在线测评和自动化评分。常见的心理测评工具包括智力测验、人格问卷、情绪识别等。

（2）行为模拟工具。行为模拟工具是通过模拟真实工作环境和情境，评估候选人在特定工作任务中的表现和能力。数字化行为模拟工具常使用虚拟现实技术，将候选人置于模拟场景中，观察其在应对工作挑战、决策制定和团队协作等方面的行为表现。这种工具能够更真实地模拟工作情境，为评估者提供更准确的评估结果。

（3）数据分析工具。数字化测评工具借助大数据分析和机器学习算法，能够处理和分析海量的候选人数据，为评估者提供更深入的洞察与预测能力。数据分析工具可以对候选人的历史数据、绩效指标、社交媒体信息等进行综合分析，以识别出候选人的优势、潜力和匹配度，帮助企业更精准地做出招聘与人才发展决策。

（4）自动化评估工具。数字化测评工具通过自动化评估的方式，能够快速、准确地对候选人进行量化评估。这些工具通常采用先进的算法和模型，通过分析候选人的输入数据，自动生成评估报告和结果。自动化评估工具能够大大节省人力资源的时间和成本，提高评估的效率和一致性。

（5）移动应用工具。随着移动互联网的普及，数字化测评工具也逐渐发展出移动应用工具。候选人可以通过移动设备使用这些应用工具进行自我评估和职业发展规划。同时，移动应用工具还提供了便捷的测评结果查看和反馈功能，使候选人能够随时随地获取自己的评估信息。

4.1.3　数字化测评在人力资源管理中的应用案例

数字化测评在人力资源管理中已经得到了广泛的实践和应用。下面将介绍几个典型的案例，展示数字化测评在人力资源管理中的应用效果。

（1）候选人筛选与匹配。许多企业利用数字化测评工具来筛选候选人并进行匹配。通过分析候选人的数据和应答，数字化测评工具能够快速评估候选人的技能和潜力，并将其与岗位要求进行比较。这样可以大大缩短筛选过程的时间，提高筛选的准确性和精确度。例如，一家科技公司使用数字化测评工具来评估候选人的编程技能和解决问题的能力，以帮助自己快速找到与岗位要求最匹配的候选人。

（2）员工发展和培训。数字化测评工具在员工发展和培训中也发挥着重要作用。通过定期的数字化测评，企业可以全面了解员工的技能水平和发展需求，并根据评估结果制订个性化的培训计划。例如，一家银行利用数字化测评工具评估员工在客户服务和销售技巧方面的能力，并根据评估结果提供有针对性的培训课程，帮助员工提升专业技能和工作表现。

（3）绩效评估与激励管理。数字化测评工具可以为企业提供更客观和更准确的绩效评估结果，从而支持激励管理和奖励体系的建立。通过数字化测评，企业可以基于数据和量化指标来评估员工的绩效，并将其与目标和指标进行对比。这样可以更公平地评估员工的贡献和表现，并为激励和奖励提供科学依据。例如，一家零售企业利用数字化测评工具评估销售人员的销售业绩和客户满意度，以便据此设定激励机制和奖励方案。

（4）领导力发展和选拔。数字化测评工具在领导力发展和选拔中也扮演着重要角色。通过测评工具，企业可以评估员工的领导潜力和核心领导能力，为领导发展提供指导和支持。同时，数字化测评工具还可以用于领导职位的选拔，帮助企业确定最适合的候选人。例如，一家跨国公司使用数字化测评工具评估员工的领导风格和决策能力，以便为高级管理岗位的人才选拔提供客观的参考依据。

4.1.4　数字化测评对组织绩效的影响

数字化测评在组织绩效方面的应用对于企业的成功和竞争力提升至关重要。下面是数字化测评对组织绩效影响的五个方面。

（1）提高招聘准确性。数字化测评工具可以提高招聘的准确性和预测能力。通过对候选人进行科学、客观的评估，能够更好地预测候选人在工作中的表现和适应能力。这样可以避免误聘和高流动率，提高员工的工作匹配度和满意度，从而对组织绩效产生积极的影响。

（2）优化人才发展。数字化测评工具为组织提供了对员工的全面评估和分析能力。通过评估员工的技能、潜力和发展需求，组织可以制订个性化的培训与发展计划，帮助员工提升能力和发展潜力。这样可以提高员工的工作表现和职业发展，从而提升组织的整体绩效。

（3）支持绩效管理。数字化测评工具能够提供更客观、更准确的绩效评估结果，为绩效管理提供数据支持。通过对员工的工作表现进行量化评估，能够使组织更公平地识别出绩效优秀和有改进空间的员工。这样就可以建立公正的激励机制，提高员工的动力和工作积极性，从而推动组织绩效的提升。

（4）支持领导力发展。数字化测评工具在领导力发展方面起到重要的支持作用。通过评估和分析领导者的领导潜力及核心能力，可以为其提供有针对性的发展计划和培训。这样可以提高领导者的管理能力和影响力，从而促进团队绩效的提升。

（5）数据驱动的决策。数字化测评工具通过收集和分析大量的数据，可以为组织的决策提供数据支持。通过对候选人和员工的数据进行综合分析，可以帮助组织做出更准确、更科学的人力资源决策，如招聘、晋升、培训等。这样可以提高决策的准确性和效果，对组织绩效产生积极的影响。

4.2　数字化人力资源招聘配置的变革趋势

4.2.1　传统招聘配置的挑战

传统的招聘配置在面对当前快速变化的人力资源环境和市场需求时面临许多挑战。下面是五个传统招聘配置面临的主要挑战。

（1）时间和成本消耗。传统招聘配置通常需要大量的时间和资源，包括发布职位广告、筛选简历、面试候选人以及进行背景调查等环节都是非常耗时的。同时，这些过程也需要投入大量的人力与财力资源，增加了招聘的成本。对于企业而言，时间和成本消耗是一大挑战，尤其在需要快速填补职位的情况下。

（2）信息不对称。在传统招聘配置中，信息流通存在不对称的问题。招聘方通常具有更多的信息，而求职者往往只能从招聘广告和面试过程中获得有限的信息。这种信息不对称导致了信息不完全和信息不准确的情况，增加了招聘方和求职者之间的不确定性和风险。

（3）主观性和个人偏见。传统招聘配置容易受到主观性和个人偏见的影响。招聘决策往往基于面试官的主观判断和个人喜好，而缺乏客观的评估标准。这可能导致招聘决策的不公平和不准确，从而影响到招聘的质量和结果。

（4）岗位匹配度不高。传统招聘配置难以确保岗位和候选人之间的高匹配度。由于信息有限和评估方法的局限性，招聘方往往只能根据简历和面试来判断候选人的适合度。然而，这种方式容易忽视候选人的潜力和隐性能力，从而导致招聘结果与实际岗位需求不匹配。

（5）缺乏数据支持的决策。传统招聘配置往往缺乏数据支持的决策。招聘决策往往基于面试官的主观判断和经验，缺乏对候选人的全面评估和量化分析。这样容易导致招聘决策的不准确和不科学，影响到招聘的成功率和效果。

4.2.2 数字化招聘配置的发展概况

随着科技的进步和数字化转型的加速，数字化招聘配置正日益成为组织的关注重点。数字化招聘配置利用先进的技术和工具，改变了传统招聘配置的方式和流程，带来了许多新的机遇和发展。下面是数字化招聘配置的一些发展概况。

（1）招聘平台和在线招聘。随着互联网的普及，招聘平台和在线招聘成为数字化招聘配置的重要组成部分。招聘平台如 LinkedIn、Indeed 等提供在线发布职位和招聘信息的平台，为企业和求职者搭建了沟通和交流的桥梁。在线招聘的方式大大简化了招聘流程，加快了信息传递的速度，提高了招聘的效率。

（2）社交媒体招聘。社交媒体的兴起为数字化招聘配置带来了新的机遇。企业可以通过社交媒体平台如脸书、推特（Twitter）、照片墙（Instagram）等与潜在候选人进行互动，发布招聘信息，吸引人才的关注。同时，企业还可以通过社交媒体了解候选人的个人资料和互动记录，以更全面地评估候选人的适合度。

（3）数据驱动的招聘决策。数字化招聘配置借助数据分析和人工智能技术，为招聘决策提供数据支持。通过收集和分析大量的招聘数据，如候选人的简历、面试表现、背景调查结果等，企业可以制定更准确、更科学的招聘决策。数据驱动的招聘决策有助于降低主观性和个人偏见的影响，提高招聘的准确性和预测能力。

（4）数字化测评工具。数字化招聘配置中的测评工具也得到了广泛的应用。通过数字化测评工具，企业可以对候选人的技能、能力、性格特征等进行客观评估。这些工具提供了量化和标准化的评估结果，帮助企业更好地匹配岗位需求和候选人的能力，并降低招聘过程中的主观性。

（5）人工智能和机器学习。人工智能和机器学习的应用推动了数字化招聘配置的发展。通过人工智能技术，招聘系统可以自动筛选简历、生成面试问题、分析候选人的面试回答等。机器学习算法可以根据历史数据和招聘结果进行模型训练，提高招聘的预测能力和精确度。

4.2.3　数字化招聘配置的优势和应用案例

数字化招聘配置在许多方面具有优势，并且在实践中已经得到广泛应用。下面是数字化招聘配置的一些优势和应用案例。

4.2.3.1　优势

（1）提高招聘效率。数字化招聘配置利用在线招聘平台和自动化工具，能够加快招聘流程并提高效率。企业可以轻松发布职位信息、筛选和管理候选人的简历、自动化安排面试和发送通知等。这样可以节省时间和人力成本，提高整体招聘效率。

（2）增加招聘准确性。数字化招聘配置通过数据驱动的决策和测评工具的应用，提高了招聘的准确性。企业可以借助数据分析和人工智能技术，更全面地评估候选人的能力和适应性，从而提高岗位匹配度和预测候选人的表现。这有助于企业减少误聘和提高招聘成功率。

（3）降低主观性和个人偏见。传统招聘配置容易受到主观性和个人偏见的影响，而数字化招聘配置通过客观的数据和评估标准，降低了主观性和个人偏见的影响。测评工具和人工智能算法提供了客观、标准化的评估结果，减少了人为因素对招聘决策的影响，提高了公正性和准确性。

（4）提供全面的候选人评估。数字化招聘配置提供了更全面的候选人评估手段。通过数字化测评工具和在线面试平台，企业可以对候选人的技能、经验、能力和文化适应性进行更全面的评估。这有助于企业获取更多信息，更好地了解候选人的潜力和适应能力，提高招聘决策的准确性。

（5）支持人才分析和人力资源规划。数字化招聘配置提供了丰富的招聘数据和分析能力，支持企业进行人才分析和人力资源规划。通过收集和分析招聘数据，企业可以了解不同岗位的人才供需情况，预测人才流动趋势，为人力资源规划提供数据支持。这有助于企业在招聘过程中更好地了解市场与竞争环境，做出合理的人才决策。

4.2.3.2　应用案例

（1）谷歌的招聘算法。谷歌开发了一种基于数据和分析的招聘算法，用于筛选候选人的简历。这个算法使用机器学习和自然语言处理技术，根据候选人的经历、教育背景和技能匹配程度，对简历进行评分。这种算法大大提高了招聘的效率和准确性，帮助谷歌筛选出更合适的候选人。

（2）联合利华公司（Unilever）的数字化测评。Unilever 采用了数字化测评工具来评估候选人的能力和文化适应性。其使用在线测评工具对候选人进行测试，评估他们在解决问题、团队合作和创新等方面的能力。这种数字化测评工具帮助 Unilever 更全面地了解候选人的潜力，提高了招聘的准确性和成功率。

（3）爱彼迎（Airbnb）的在线面试平台。Airbnb 开发了一个在线面试平台，候选人可以通过视频面试与面试官进行交流。这种在线面试平台使得招聘过程更加灵活和便捷，节省了时间和成本。同时，面试过程的视频记录也为后续评估提供了依据，提高了面试的准确性和效果。

这些案例表明，数字化招聘配置的应用在不同组织中已经取得了积极的效果，提高了招聘的效率、准确性和公正性。随着技术的不断发展，数字化招聘配置将继续发挥重要作用，帮助企业更好地管理人力资源和吸引合适的人才。

4.2.4　数字化招聘配置对人才招聘效果的影响

数字化招聘配置对人才招聘效果产生了积极的影响。通过利用先进的技术和工具，数字化招聘配置提供了更高效、准确和可量化的招聘流程。下面是数字化招聘配置对人才招聘效果造成影响的五个方面。

（1）招聘效率的提高。数字化招聘配置通过自动化流程和在线招聘平台，加快了招聘的速度和效率。招聘人员可以快速发布职位信息，筛选候选人的简历，并自动进行预筛选和排期面试。这大大减少了人工操作的时间和工作量，提高了招聘效率。

（2）招聘准确性的提升。数字化招聘配置借助数据驱动的决策与测评工具，提高了招聘的准确性。通过分析候选人的数据和测评结果，企业可以更全面地评估候选人的能力和文化匹配度。这有助于筛选出更适合岗位的候选人，降低误聘的风险，提高招聘的成功率。

（3）提高候选人体验。数字化招聘配置通过在线招聘平台和自动化工具，改善了候选人的招聘体验。候选人可以更加方便地浏览并申请职位，通过在线面试平台与招聘人员进行交流，并及时获得招聘进展的通知。这种便利性和及时性提高了候选人对招聘过程的满意度，增加了他们与企业的互动，也提高了他们的积极性。

（4）人才池的建立和管理：数字化招聘配置有助于建立和管理人才池。通过在线招聘平台和候选人关系管理系统，企业可以收集、存储和管理候选人的信息和简历。这样，企业就可以随时访问人才池，寻找合适的候选人，提高人才的获取效率，并与潜在人才保持长期的联系。

（5）数据分析和人力资源规划。数字化招聘配置提供了丰富的招聘数据和分析能力，以支持企业进行数据驱动的人力资源规划。通过收集和分析招聘数据，企业可以了解人才市场的趋势和供需情况，预测人才流动趋势，为人力资源规划提供决策支持。这有助于企业更好地了解市场与竞争环境，制定招聘策略和目标。

4.3 数字化人力资源测评与招聘配置的关联

4.3.1 数字化测评在招聘配置中的应用

数字化测评在招聘配置中的应用为企业提供了更全面、更准确和更客观的候选人评估手段。通过使用各种数字化测评工具和技术，企业能够评估候选人的能力、技能、特质和文化适应性，从而做出更明智的招聘决策。下面是数字化测评在招聘配置中的五个主要应用。

（1）能力和技能评估。数字化测评工具能够评估候选人在特定领域的能力和技能水平。例如，通过在线测试或模拟工作场景，测评工具可以衡量候选人的专业知识、解决问题的能力、沟通技巧等。这样的评估可以帮助企业更准确地了解候选人的能力和技术储备，确保选择与职位要求匹配的候选人。

（2）人格和特质评估。数字化测评在人格和特质评估方面提供了有力的工具。通过心理测试、人格问卷或游戏化测评，企业可以了解候选人的人格特质、领导能力、团队合作能力等方面的特点。这种评估有助于确定候选人是否符合组织文化和团队需求，以及他们在不同情境下的行为表现。

（3）文化适应性评估。数字化测评可以帮助企业评估候选人与组织文化的匹配程度。通过在线问卷、模拟场景或情境测试，企业可以了解候选人的价值观、工作态度、团队合作偏好等方面的情况。这种评估有助于确定候选人是否适应组织的价值观和工作环境，以及他们是否能够融入团队并取得良好的工作绩效。

（4）数据分析和预测能力。数字化测评工具提供了丰富的数据和分析能力，支持企业进行数据驱动的招聘决策。通过分析候选人的测评结果和其他相关数据，企业可以预测候选人在工作中的表现、职业发展潜力和团队适应能力。这有助于企业做出更准确的招聘决策，提高人才的选拔质量和组织绩效。

（5）量化和比较评估。数字化测评工具提供了量化和比较评估的能力，帮助企业对候选人进行客观的评估和比较。通过测评工具生成的数据和分数，企业可以将候选人进行排名、评级或分组，从而更好地比较和选择最合适的候选人。这种量化和比较评估有助于减少主观因素的干扰，提高评估的客观性和公正性。

4.3.2　数字化测评在招聘决策中的作用

数字化测评在招聘决策中扮演着重要的角色，为企业提供了有力的数据支持和决策依据。下面是数字化测评在招聘决策中的五个关键作用。

（1）提供客观数据支持。数字化测评通过测量和评估候选人的能力、技能、特质与文化适应性，提供了客观的数据支持。这些数据可以帮助企业更准确地了解候选人的优劣势和适应能力，而不只是依赖于面试和简历。这样的客观数据支持有助于避免企业的主观偏见和误判，提高招聘决策的准确性。

（2）量化候选人评估。数字化测评工具能够量化候选人的评估结果，如分数、等级或评级系统。这种量化评估有助于企业对候选人进行比较和排名，使招聘决策更有依据。企业可以根据候选人的测评结果，将其与招聘要求进行对比，以便选择最适合的候选人。

（3）预测工作表现和发展潜力。数字化测评工具通过分析候选人的测评结果和其他相关数据，可以预测候选人在工作中的表现和发展潜力。这种预测能力有助于企业评估候选人的适应能力、职业成长潜力和组织匹配度。基于这些预测，企业可以做出更明智的招聘决策，选择具有潜力和可发展性的候选人。

（4）数据驱动的决策制定。数字化测评提供了丰富的数据和分析能力，支持企业进行数据驱动的招聘决策。通过分析候选人的测评结果、招聘渠道效果以及其他相关数据，企业可以更好地了解招聘情况。这种数据驱动的决策制定可以帮助企业优化招聘策略、提高招聘效率及成功率。

（5）降低招聘风险和成本。数字化测评提供了更准确和更全面的候选人评估信息，有助于企业降低招聘风险和成本。通过筛选出与职位要求最匹配的候选人，企业可以降低误聘的风险以及因员工培训或离职造成的成本。数字化测评还可以帮助企业更好地了解候选人的潜在能力和发展方向，从而提高员工的长期留任率。

4.3.3　数字化测评与招聘配置的协同效应

数字化测评与招聘配置之间存在着密切的协同效应，它们相互支持并增强了招聘过程的效率和准确性。下面是数字化测评与招聘配置的五个协同效应。

（1）数据共享和整合。数字化测评工具生成的数据可以与招聘配置系统进行无缝集成和共享。候选人的测评结果、简历和面试记录等信息可以被整合在一起，形成一个全面的候选人画像。这样的数据整合有助于招聘配置系统更全面地了解候选人的能力、特质和适应性，从而更好地匹配候选人与职位要求。

（2）精准的职位匹配。数字化测评提供了准确评估候选人技能与特征的能力。招聘配置系统可以根据这些评估结果，自动筛选和匹配最适合职位要求的候选人。这种协同作用可以大大提高职位匹配的准确性和效率，减少人工筛选的时间和工作量。

（3）快速筛选和优化流程。数字化测评工具能够对大量候选人进行快速筛选和评估。结合招聘配置系统的自动化流程，企业可以快速处理候选人的信息，对其进行评估和排名。这种协同作用使得招聘流程更加高效，减少了人工操作的时间成本。

（4）数据驱动的招聘决策。数字化测评提供了丰富的数据和分析能力，支持数据驱动的招聘决策。这些数据可以被招聘配置系统利用，进行数据分析和预测。基于候选人的测评结果、招聘渠道的效果等数据，系统可以提供更准确的招聘建议和决策支持。这种协同作用使得招聘决策更科学、更可靠，并且能够促使企业不断优化招聘策略。

（5）候选人体验的提升。数字化测评和招聘配置的协同作用可以提升候选人的招聘体验。候选人可以通过在线测评工具进行评估，避免烦琐的纸质测试和面试过程。招聘配置系统可以提供即时的反馈和沟通，使候选人获得更好的信息透明度和及时性。这种协同作用有助于企业吸引优秀的候选人，增强企业的雇主品牌形象。

4.4 数字化人力资源测评与招聘配置的挑战与应对策略

4.4.1 数据隐私和安全性的保障

在数字化人力资源测评和招聘配置中，数据隐私和安全性是至关重要的考虑因素。下面是保障数据隐私和安全性的七个关键措施。

（1）合规性和法律要求。在进行数字化测评和招聘配置时，企业必须遵守适用的法律法规和隐私保护规定，包括但不限于数据保护法、个人隐私法和相关行业准则。企业应该对数据收集、存储、处理和传输过程中的合规性进行严格的监管，确保符合法律及监管要求。

（2）数据加密和安全传输。为了保护数据的安全性，企业在数据传输过程中应采用加密技术，如使用安全套接层（SSL）或其他加密协议。这可以确保数据在传输过程中的机密性和完整性。

（3）访问控制和权限管理。确保只有授权人员能够访问并处理敏感数据是至关重要的。企业应实施严格的访问控制与权限管理机制，限制数据的访问权限，并分配不同级别的权限给不同角色的用户。

（4）匿名化和去标识化。为了保护个人隐私，企业可以采取匿名化和去标识化的措施，在处理数据时去除个人身份信息。这样可以降低数据的敏感性，降低数据泄露的风险。

（5）数据备份与灾备计划。为了应对数据丢失或损坏的风险，企业应建立定期备份数据的机制，并实施有效的灾备计划。这可以确保在意外情况下能够及时恢复数据，并保证业务的连续性。

（6）第三方合作伙伴管理。如果企业将数据交给第三方供应商或合作伙伴处理，应进行严格的供应商管理和审查，以确保第三方也遵守数据隐私和安全的要求，并签署合适的保密协议。

（7）员工培训和意识提升。提高员工有关数据隐私和安全的意识是非常重要的。企业应提供培训和教育，使员工了解数据隐私和安全的重要性，并掌握正确的数据处理与保护方法。

4.4.2 技术平台和工具的选择

在数字化人力资源测评和招聘配置中，企业选择适当的技术平台和工具对于其有效的实施至关重要。下面是企业选择技术平台和工具时需要考虑的七个关键因素。

（1）功能和特性。不同的技术平台和工具提供不同的功能与特性。根据自身的需求和目标，企业应选择具备所需功能的平台和工具。例如，测评工具应该能够提供全面的测评项目和评估指标，招聘配置系统应具备自动化的筛选、匹配和流程管理能力等。

（2）用户友好性。选择易于使用和操作的技术平台与工具可以提高用户的工作效率和满意度。界面设计简洁清晰、操作流程简单明了的工具可以降低企业的培训成本，并能促进用户快速上手。

（3）可扩展性和定制化。企业的需求和规模可能随着时间的推移而发展和变化。选择具有良好的可扩展性和定制化能力的技术平台与工具可以适应企业的变化，并支持未来的需求扩展。

（4）数据安全和隐私保护。在选择技术平台和工具时，企业必须确保其具备强大的数据安全和隐私保护措施。技术平台应采用加密传输、访问控制、权限管理等安全机制，保障数据的保密性和完整性。

（5）集成和互操作性。数字化人力资源测评和招聘配置通常需要与其他系统进行集成，如人力资源信息系统（HRIS）、应聘者追踪系统（ATS）等。选择具有良好的集成能力和互操作性的技术平台与工具，可以实现系统间的数据交互和流程协同。

（6）可靠性和稳定性。技术平台与工具的可靠性和稳定性对于持续的运行至关重要。企业应选择可靠的供应商，了解其技术支持和维护服务，以确保系统的正常运行和故障的顺利排除。

（7）成本效益。在选择技术平台和工具时，企业需要综合考虑其成本效益，评估其购买成本、部署与维护成本，以及未来的升级与扩展成本。企业要确保选择的技术平台和工具能够提供与其成本相匹配的价值和回报。

4.4.3 员工接受度和培训需求

在数字化人力资源测评和招聘配置的实施过程中，员工的接受度和培训需求是至关重要的考虑因素。下面是在引入数字化测评和招聘配置时应考虑的五个关键点。

（1）员工参与和沟通。在引入数字化测评和招聘配置之前，企业应确保员工能够理解和接受这种变化的重要性和目的。通过有效的沟通和解释，企业应向员工说明数字化测评和招聘配置的益处，解答他们可能存在的疑虑和问题。

（2）培训和教育。为了提高员工对数字化测评和招聘配置工具的使用及理解，企业有必要提供相应的培训和教育。培训可以包括使用技术平台与工具的操作指导、数据解读和分析方法，以及对数字化测评和招聘配置流程的培训。通过培训，员工能够更好地适应新的工具和流程，并提高工作效率。

（3）反馈与改进机制。在实施数字化测评和招聘配置后，企业应定期收集员工的反馈和意见，可以通过调查问卷、面对面讨论或定期会议等方式进行。根据员工的反馈，企业应及时调整并改进数字化测评和招聘配置的流程、工具及培训方式，以提高员工的满意度和接受度。

（4）用户体验设计。在选择和定制数字化测评与招聘配置工具时，企业应考虑员工的用户体验。界面设计应简洁明了、易于导航，操作流程应尽可能简单和直观。企业通过优化用户体验，可以提高员工对工具的接受度和使用效果。

（5）持续支持和指导。数字化测评和招聘配置工具的使用是一个持续的过程，需要提供持续的支持和指导。企业可以设置专门的支持团队或提供在线帮助中心，以解答员工在使用过程中的问题，并提供相关的指导和建议。

4.4.4 管理者的角色和能力要求

在数字化人力资源测评和招聘配置的实施过程中，管理者起着关键的作用。他们需要具备一定的能力和技能，以确保数字化测评和招聘配置的成功实施及有效管理。下面是管理者在数字化人力资源测评和招聘配置中的角色及能力要求。

（1）策略规划能力。管理者应具备制定数字化测评和招聘配置战略与计划的能力。他们需要了解企业的人力资源需求，并将数字化测评和招聘配置与组织的战略目标相衔接。管理者应具备制定明确的目标和指标的能力，并能够制订相应的行动计划。

（2）技术咨询和选择能力。管理者需要了解什么是数字化测评和招聘配置技术平台与工具，并能够为企业选择适合的技术解决方案。他们应了解不同工具和平台的功能、特点、优势，并能评估其与企业需求的匹配程度。

（3）团队管理和培训能力。管理者需要具备团队管理与培训的能力，以确保团队成员的理解和支持。他们需要指导团队成员熟练使用数字化测评和招聘配置工具，向其提供必要的培训和指导，并解答团队成员可能遇到的问题。

（4）数据分析和解读能力。数字化人力资源测评和招聘配置产生大量的数据，管理者需要具备数据分析与解读能力。他们能够理解和解读测评结果、招聘数据和相关指标，并从中提取有价值的信息，以支持决策和优化人才招聘策略。

（5）变革管理能力。数字化测评和招聘配置的实施是一项变革过程，管理者需要具备变革管理能力。他们能够识别和解决可能出现的问题及挑战，并采取有效的沟通和变革管理策略，以促进员工接受并参与。

（6）绩效评估和改进能力。管理者需要对数字化测评和招聘配置的绩效进行评估、改进。他们应定期监测和评估数字化测评与招聘配置的效果，并根据评估结果制定相应的改进措施，以提高绩效和效率。

（7）领导能力和影响力。管理者需要具备良好的领导能力和影响力，以推动数字化测评和招聘配置的实施。他们能够建立合作关系、激发团队成员的积极性，并在组织内部争取支持和资源。

4.5 数字化人力资源测评与招聘配置的策略建议

4.5.1 数字化测评工具的选择与实施

选择和实施适合的数字化测评工具对于有效地进行人力资源测评至关重要。下面是企业在选择和实施数字化测评工具时应考虑的关键因素。

（1）测评需求分析。测评者需要明确组织或团队的测评需求，确定需要评估的能力、技能、特质以及测评的目的。这有助于企业选择符合需求的测评工具。

（2）工具功能和特点。测评者需要评估不同数字化测评工具的功能和特点，确保所选工具应具备测评所需的相关功能，如题库丰富度、测评方式多样性、结果报告的清晰度等。

（3）可靠性和效度。测评者应充分考虑评估工具的可靠性和效度。其中，可靠性是指测评结果的一致性和稳定性；效度是指测评结果与实际能力或绩效的相关性。

（4）用户友好性。测评者需要考虑工具的用户界面和用户体验。工具应该易于使用和理解，使被测评者能够顺利完成评估，并为其提供清晰的指导和反馈。

（5）数据分析和报告功能。测评者需要考虑评估工具的数据分析和报告功能。工具应能够生成详细的测评结果报告，包括评估得分、能力图谱、发展建议等，以帮助测评者和被测评者更好地理解结果。

（6）数据安全和隐私保护。测评者需要确保所选工具具备强大的数据安全和隐私保护措施。测评者要保证自己所选的测评工具应符合相关法规及标准，并采取适当的技术和操作措施来保护测评数据的安全性和隐私性。

（7）供应商支持和服务。测评者需要评估供应商的支持与服务水平，了解供应商是否提供培训、技术支持、持续更新等服务，以确保工具的良好运行和持续改进。

测评者实施数字化测评工具的步骤如下：

（1）确定实施计划。测评者需要制订数字化测评工具的实施计划，包括时间表、资源需求和相关的沟通计划。

（2）培训和准备。测评者需要为使用工具的人员提供培训和准备工作，确保他们理解工具的操作方法和使用技巧。

（3）数据导入和设置。测评者需要导入测评工具所需的数据，如题库、被测评者信息等，并进行相应的设置和配置。

（4）测评执行。测评者需要根据实施计划执行测评活动，确保测评过程的顺利进行，并及时解决可能出现的任何问题。

（5）数据分析和报告生成。测评者需要分析测评数据并生成相应的报告，如使用工具提供的分析功能，生成能力评估、结果解读等报告。

（6）监控和评估。测评者需要定期监控和评估测评工具的使用效果，收集用户反馈，识别改进的机会，并做出必要的调整和优化。

测评者选择合适的数字化测评工具并正确实施，可以提高测评的效率、准确性和可靠性，为组织的人力资源管理提供有力的支持。

4.5.2　数字化招聘配置的策略设计

数字化招聘配置是利用信息技术和数字工具来支持与优化招聘流程的方式。在设计数字化招聘配置策略时，相关人员需要考虑以下六个关键要素。

（1）流程优化。相关人员需要分析和评估当前招聘流程的痛点和瓶颈，并确定可以优化的环节。数字化招聘配置的策略应该以提高效率、减少时间和资源成本为目标。

（2）技术工具选择。相关人员应选择适合的技术工具来支持数字化招聘配置。这些工具可以包括招聘管理系统、人才库管理软件、在线面试平台、智能筛选工具等。相关人员应确保所选工具与组织需求相匹配，并能够集成和交互操作。

（3）候选人体验。数字化招聘配置策略应该关注候选人体验。相关人员应设计一个友好、简洁和易于使用的招聘界面，提供在线申请、自助进度查询、即时反馈等功能，以提升候选人对招聘流程的满意度。

（4）数据驱动决策。相关人员应利用数字化招聘配置的数据分析功能，收集、分析和利用招聘数据，以支持招聘决策的制定。例如，通过分析候选人来源、筛选流程、面试结果等数据，优化招聘策略和流程。

（5）品牌营销。数字化招聘配置策略应该将招聘视为品牌宣传的机会。相关人员可以通过在线渠道和社交媒体等平台，积极传播组织的价值观、文化和优势，吸引更多优质候选人的关注和申请。

（6）持续改进。数字化招聘配置策略需要不断进行评估和改进。相关人员应定期收集用户反馈和数据分析结果，识别潜在问题和改进机会，并进行相应的调整和优化。

在设计数字化招聘配置策略时，相关人员需要综合考虑组织的需求、技术工具、候选人体验和数据分析，以提高企业的招聘效率、质量和竞争力。同时，策略应与企业的人才战略及目标相一致，以支持企业的长期发展和人力资源管理的优化。

4.5.3　组织变革与管理者培训

数字化人力资源测评和招聘配置的实施需要组织变革和管理者培训的

支持。下面是在组织变革和管理者培训方面需要考虑的关键要素。

（1）变革策略。企业需要制定明确的变革策略，以确保数字化人力资源测评和招聘配置能够顺利实施；要明确变革的目标、范围、时间表和资源需求，并确保高层管理人员的支持和参与。

（2）沟通与参与。企业需要建立有效的沟通渠道，与组织成员分享变革的目的、重要性和好处；鼓励员工参与和反馈，让他们成为变革的积极参与者；提供透明和及时的沟通服务，为员工解答疑虑和问题。

（3）培训与技能提升。企业应为管理者和相关人员提供必要的培训与技能提升机会，使他们能够理解并掌握数字化人力资源测评与招聘配置的工具和流程。培训内容可以包括测评工具的使用、数据分析技能、招聘配置的最佳实践等。

（4）变革管理。企业应建立变革管理团队，负责监督和推动变革的实施。该团队应具备变革管理的专业知识和技能，能够识别并解决变革过程中的障碍和挑战。企业还需要制订变革管理计划，包括风险评估、变革监控和纠正措施。

（5）资源调配。企业应确保足够的资源用于数字化人力资源测评和招聘配置的实施，包括技术设备、软件工具、人力资源和培训预算等。企业应根据变革计划，适时调配资源，以支持实施过程的顺利进行。

（6）绩效评估与调整。企业应建立绩效评估机制，监测数字化人力资源测评和招聘配置的实施效果；收集数据和反馈意见，评估变革的成果和效果，并根据评估结果进行调整和改进；持续关注变革的可持续性和长期效果。

组织变革和管理者培训是数字化人力资源测评和招聘配置成功实施的关键要素。企业通过明确的变革策略、有效的沟通、适当的培训和资源支持，可以有效提高员工对变革的接受度和参与度，提升管理者的能力和技能，确保变革的顺利进行并达到预期的效果。

4.6　本章小结

本章围绕数字化人力资源测评和招聘配置展开了全面的研究。通过对传统测评方法和招聘配置的局限性进行分析，我们认识到数字化测评和招聘配置的重要性和优势。数字化测评工具的发展概况和在人力资源管理中的应用案例表明，数字化测评能够提高测评效率、准确性和可靠性，为组织的人力资源决策提供有力支持。类似地，数字化招聘配置的发展概况和应用案例揭示了其在提高招聘效率、优化候选人体验和支持招聘决策方面的重要作用。

此外，本章还探讨了数字化测评和招聘配置对组织绩效与人才招聘效果的影响。研究发现，数字化测评可以提高员工的工作匹配度和绩效表现，从而对组织绩效产生积极影响。数字化招聘配置则可以帮助组织更快速、更准确地找到适合的人才，从而提高人才招聘效果。

在实施数字化测评和招聘配置时，企业还需要考虑数据隐私和安全性的保障、技术平台和工具的选择、员工接受度和培训需求，以及管理者的角色和能力要求。这些因素对于确保数字化测评和招聘配置的成功实施至关重要。

尽管数字化人力资源测评和招聘配置在许多组织中已经得到广泛应用，但仍存在一些挑战和发展机会。未来的研究和实践可以进一步关注以下四个方面：

（1）人工智能和大数据的应用。随着人工智能和大数据技术的发展，数字化人力资源测评与招聘配置可以更好地利用人才数据和智能算法，提供更精准、个性化的评估和招聘体验。

（2）用户体验的改进。在数字化测评和招聘配置中，更多关注候选人和员工的体验是一个重要的方向。企业可以通过优化用户界面、提供自助功能、增加互动性等措施，提升用户的满意度和参与度。

（3）跨平台和集成化。数字化测评和招聘配置的工具与系统可以更好地实现跨平台和集成化。这将使不同的人力资源管理环节（如测评、招聘、培训等）之间的数据和信息共享更加便捷，提高管理的一体化程度。

（4）研究方法的深入探索。未来的研究可以进一步探索数字化人力资源测评和招聘配置的效果评估方法、算法改进、用户行为分析等方面。这将有助于企业更好地理解和优化数字化测评与招聘配置的实施效果。

综上所述，数字化人力资源测评和招聘配置在人力资源管理领域具有巨大的潜力和发展前景。通过充分利用数字化工具和技术，企业可以提升测评与招聘的效率、准确性和质量，从而更好地满足组织的人才需求，提高绩效和竞争力。随着技术的不断进步和实践的积累，数字化人力资源测评和招聘配置将持续演进和创新，为组织带来更多的机遇和挑战。

5　数字化人力资源培训变革研究

随着信息技术的飞速发展，数字化对各行各业产生了深远的影响，人力资源培训也不例外。本章通过对数字化人力资源培训变革的研究，探讨数字化技术在培训领域的应用，以及其对组织和员工发展的影响；从培训内容、方法、平台等方面进行深入分析，同时探讨数字化培训在不同行业和企业规模下的实际案例。本章内容旨在为组织和从业者更好地理解数字化人力资源培训的变革趋势提供参考。

5.1　数字化人力资源培训的理论框架

5.1.1　数字化人力资源管理概述

数字化人力资源管理是指利用信息技术和数字化工具来支持、优化和改进人力资源管理的各个方面。随着科技的迅猛发展，数字化人力资源管理已经成为组织在全球竞争中保持竞争力和适应变化的重要手段之一。数字化人力资源管理的概念在不同的组织和环境下有不同的体现，但总体而言，它主要包括以下六个方面：

（1）人力资源信息系统（HRIS）。人力资源信息系统（human resources information system，HRIS）是数字化人力资源管理的核心工具之一。HRIS 是一个集成的信息系统，用于存储、管理和处理与人力资源相关的数据和信息，包括员工的个人信息、薪资、培训记录、绩效评估等。通过 HRIS，组织可以实现信息的集中管理，提高数据的准确性和可靠性，从而支持决策的制定和实施。

（2）在线招聘与人才管理。数字化时代，招聘与人才管理已经发生了巨大的变革。组织可以利用在线招聘平台，发布职位信息、筛选简历、进行在线面试等，大大提高了招聘的效率。同时，人才管理也变得更加智能化。通过数据分析和人工智能，组织可以更好地匹配候选人与职位需求，实现更精准的人才管理。

（3）培训与继续教育。数字化人力资源管理在培训与继续教育领域也产生了深远的影响。通过在线培训平台、虚拟课堂和电子学习资源，员工可以随时随地获取培训内容，提高自身技能和知识水平。数字化培训还支持个性化学习路径的设计，使员工能够根据自己的需求和兴趣进行学习。

（4）绩效管理与反馈。数字化人力资源管理也在绩效管理方面发挥了重要作用。通过数字化工具，组织可以更方便地设置绩效指标、收集绩效数据，并进行绩效评估和反馈。数字化绩效管理能够提高评估的客观性和公平性，同时也使组织更容易跟踪并记录员工的表现。

（5）数据分析与决策支持。数字化人力资源管理通过数据分析为决策提供支持。通过收集和分析人力资源数据，组织可以更好地了解员工的需求、趋势和问题，从而制定更有针对性的人力资源策略和政策。数据分析还可以帮助组织预测人才流动、绩效趋势等，为未来的决策提供参考。

（6）员工参与和沟通。数字化人力资源管理促进了员工参与和沟通。通过内部社交平台、员工自助系统等工具，员工可以更方便地与管理层和同事交流，提出建议和反馈。这种开放的沟通环境有助于增强员工的归属感和满意度。

5.1.2　数字化人力资源培训的概念与特点

数字化人力资源培训是利用信息技术和数字化工具来重新设计、实施和管理培训活动的过程。它以数字化技术为基础，通过在线平台、虚拟教室、移动应用等手段，实现培训内容的传递、学习的个性化定制以及培训效果的评估与追踪。数字化人力资源培训不仅是将传统培训内容搬到数字化平台上，更是通过创新和智能化的方法，提升培训的质量和效果。数字化人力资源培训主要包括以下七个特点：

（1）灵活性与便利性。数字化人力资源培训的一个显著特点是灵活性和便利性。员工可以根据自己的时间和地点，自主选择培训内容和学习进度。无论是在办公室、家中还是在移动设备上，其都能够随时随地获取培训资源，这有助于他们减少学习的时间和空间限制。

（2）个性化学习体验。数字化人力资源培训支持个性化学习体验的设计。通过数据分析和人工智能技术，系统可以根据员工的学习历史、兴趣和学习风格，为他们推荐最适合的培训内容和学习路径。这种个性化的学习体验能够提高学习效果，增强员工的参与度和动力。

（3）多样化的学习资源。数字化人力资源培训丰富了培训资源的形式和内容，除了传统的文字、图片、视频等，还可以包括互动式模拟、虚拟实境（VR）培训、在线讨论等多样化的学习形式。这些多样化的资源能够更好地满足员工不同的学习需求和学习习惯。

（4）实时反馈与评估。数字化人力资源培训使得实时反馈和评估变得更加容易。员工可以随时查看自己的学习进度，了解自己的学习效果，并通过在线测验和练习进行自我评估。同时，培训管理员也能够通过系统监控每个人的学习情况，并及时为其提供帮助和指导。

（5）跨时空的协作与交流。数字化人力资源培训促进了员工之间以及员工与管理人员之间的协作与交流。通过在线讨论、团队项目等形式，员工可以跨越地域和时区，共同合作解决问题和学习。这种跨时空的协作有助于组织丰富学习体验，培养团队合作能力。

（6）数据驱动的持续改进。数字化人力资源培训通过数据分析，为培训的持续改进提供了数据支持。通过收集个人的学习数据、反馈和评估结果，培训管理员可以分析培训的效果和问题，及时调整培训内容及方法，从而不断提升培训质量。

（7）节省成本且环保。相对于传统的面对面培训，数字化人力资源培训可以节省大量的时间、成本和资源。组织无须支付场地租赁、交通费用等成本，同时也减少了纸张和能源的消耗，符合可持续发展的理念。

5.1.3　数字化技术在培训领域的应用

数字化技术在培训领域的应用日益广泛，为培训内容的传递、人与人之间的互动、组织评估和数据分析等环节提供了全新的可能性。以下是一些数字化技术在培训领域的主要应用：

（1）在线学习平台。在线学习平台是数字化培训的核心工具之一。这些平台提供了虚拟学习环境，使个人能够通过网络访问各种培训课程、资源和活动。在线学习平台可以包括虚拟课堂、电子学习资源、交互式模拟等。一些知名的在线学习平台如 Coursera、edX、Udemy 等，为个人提供了丰富的学习资源。

（2）虚拟实境（VR）与增强实境（AR）。虚拟实境（virtual reality，VR）技术和增强实境（augmented reality，AR）技术在培训领域得到了广泛应用。通过 VR 技术，员工可以沉浸式地参与模拟场景，如培训模拟、操作演练等。AR 技术则可以将虚拟元素叠加在现实环境中，为员工提供更丰富的信息和互动体验。

（3）移动学习（m-learning）。移动学习是指员工可以通过移动设备如智能手机、平板电脑等，在任何时间、任何地点进行学习。移动学习充分利用了移动设备的便携性和互联性，为员工提供了更加便捷的学习方式。员工可以随时随地获取培训内容、参与讨论和测试等。

（4）社交学习和协作工具。社交学习和协作工具在数字化培训中扮演着重要角色。在线讨论板、社交媒体、即时通信工具等都可以用于员工之间的交流和协作。这些工具有助于员工分享知识、解决问题，同时也促进了员工之间的互动与联结。

（5）数据分析和人工智能。数据分析技术和人工智能技术在数字化培训中的应用也越来越重要。组织通过收集和分析员工的学习数据，如学习进度、测试成绩等，可以了解他们的学习情况和相关问题，从而进行个性化的推荐和指导。人工智能还可以用于自动化评估与反馈过程，向员工提供即时的学习建议。

（6）智能化教具与评估工具。数字化技术还为培训提供了智能化教具与评估工具。智能化教具可以根据员工的学习情况进行调整和个性化制定，帮助他们更好地理解并掌握知识。评估工具可以通过自动化方式进行测验和考核，提供即时的结果和反馈。

（7）视频教学与直播。视频教学是数字化培训中常见的形式之一。通过录制和发布培训视频，员工可以在需要的时候观看并重复学习。直播技术则可以将培训内容实时传递给员工，使其可以与管理人员进行互动。

5.2　数字化人力资源培训的关键要素

5.2.1　培训内容的数字化转变

数字化人力资源培训的核心是培训内容的数字化转变。传统培训内容的数字化转变意味着将传统的培训材料、课程和教学方法转化为适合在线学习平台和数字化工具的形式。这种转变不仅是简单地将纸质材料转换为电子版，更是通过创新和技术的应用，提升培训的效果和体验。

（1）电子学习资料。数字化转变的一个重要方面是将培训材料从纸质形式转变为电子版，包括课程讲义、教材、练习题等。电子学习资料可以在在线学习平台上进行存储和共享，员工可以随时随地访问，从而提高学习的便捷性和灵活性。

（2）互动式学习模块。数字化培训可以借助多媒体和互动性强的模块增强学习的吸引力和效果，包括使用视频、音频、动画等多种媒体形式，以及设计互动式练习、模拟情景等，以帮助员工更深入地理解并掌握知识。

（3）虚拟实境培训。虚拟实境技术为培训内容的数字化转变提供了全新的可能性。通过虚拟实境技术，组织可以创建逼真的虚拟场景，使员工沉浸其中，如实地体验实际工作情境等。这种情境式培训有助于提高员工的实际操作能力和问题解决能力。

（4）增强实境应用。增强实境技术将虚拟元素叠加在现实场景中，为员工提供更丰富的学习体验。通过增强实境应用，员工可以在实际环境中观看虚拟对象、图表等，从而更好地理解抽象的概念和过程。

（5）个性化学习路径设计。数字化转变使得个性化学习路径的设计成为可能。通过数据分析和人工智能技术，系统可以根据员工的学习历史、兴趣和学习风格为他们定制最适合的学习路径，从而提高学习的效果和满意度。

（6）在线互动与协作工具。在线互动与协作工具在数字化培训内容中起到了重要作用。员工可以通过在线讨论、团队项目等形式，与管理人员及其他员工进行互动与协作。这种互动与协作有助于拓展员工的视野，增强他们的合作能力。

（7）实时反馈与评估机制。数字化培训内容可以设置实时反馈与评估机制，从而帮助员工了解自己的学习进度和掌握程度。在线测验、练习和作业可以即时给出反馈，帮助员工及时调整学习策略。

（8）智能化教学辅助工具。数字化培训内容可以融合智能化教学辅助工具，如智能知识点解释、自动化题目生成等。这些工具可以根据员工的学习情况，提供即时的帮助和指导，提升学习效果。数字化培训内容的转变不只是技术的应用，更是对教学模式和教育理念的创新。组织通过将传统培训内容与数字化技术相结合，可以为员工创造更丰富、更灵活的学习体验，从而提升培训的效果和质量。

5.2.2　培训方法的创新与数字化

数字化人力资源培训不仅涉及培训内容的转变，还需要创新培训方法，以适应数字化时代的学习方式及需求。下面是一些在数字化培训中常见的创新培训方法及其数字化应用。

（1）倒置课堂（flipped classroom）。倒置课堂是一种将课堂内外学习环节重新安排的教学方法。员工在课前通过数字化工具学习相关内容，课堂时间则用于讨论、互动和解答疑问。这种方法通过数字化平台提供预习材料，为课堂互动提供了更多的时间和空间。

（2）虚拟课堂和网络直播。虚拟课堂和网络直播是将课堂教学搬到在线平台的创新方法。培训教师可以通过视频直播或在线会议工具进行授课，员工可以在任何地点参与学习。同时，这些工具也支持实时互动，员工可以提问、讨论并与培训教师互动。

（3）自主学习和个性化指导。数字化培训强调自主学习和个性化指导。通过在线学习平台，员工可以自主选择学习时间和学习内容，根据自己的兴趣和需求进行学习。同时，培训教师可以根据员工的学习情况向其提供个性化的指导和建议。

（4）互动式模拟和情景培训。互动式模拟和情景培训是数字化培训中常用的方法之一。通过虚拟实境或增强实境技术，员工可以参与各种模拟情景，如紧急情况、客户沟通等，从而提高自身的实际操作能力和问题解决能力。

（5）游戏化学习（gamification）。游戏化学习是将游戏元素和机制应用于培训中的一种方法。培训教师可以通过设置挑战、积分、竞赛等元素，将学习过程变得更具趣味性和动力性。数字化平台可以支持游戏化学习的设计和实施。

（6）社交学习与协作。数字化培训强调社交学习与协作。通过在线讨论、团队项目等方式，员工可以与培训教师及其他员工进行交流、合作，共同解决问题和分享经验。这种协作有助于拓展员工的视野和交流圈子。

（7）实时互动与培训教师反馈。数字化培训强调实时互动与培训教师反馈。在线平台支持实时聊天、在线问答等形式，员工可以随时提问并与培训教师进行交流，培训教师也可以及时为其解答疑问并提供反馈，以此增强员工的参与感和学习效果。

（8）数据驱动的个性化辅导。通过数据分析和人工智能技术，数字化培训可以实现数据驱动的个性化辅导。系统可以根据员工的学习数据和行为为他们提供定制化的学习建议和指导，帮助他们更好地掌握知识。创新的数字化培训方法不仅可以增强员工的参与感和学习效果，还可以更好地满足不同员工的学习需求。随着技术的不断发展，数字化培训方法将继续丰富和创新，为员工提供更丰富多样的学习体验。

5.2.3　培训平台与工具的选择与设计

数字化人力资源培训的成功不仅依赖于创新的培训内容和方法，还取决于合适的培训平台和工具的选择与设计。选择适当的数字化培训平台和工具，不仅可以为员工提供良好的学习体验，还可以为组织提供更有效的管理与评估手段。

（1）在线学习平台。在线学习平台是数字化培训的核心工具，选择合适的平台至关重要。组织需要考虑平台的用户界面、功能模块、多样性支持、可定制性等因素。一些常见的在线学习平台包括 Moodle、Blackboard、Canvas 等，也有一些基于云计算的平台如 Coursera、Udemy 等。

（2）虚拟实境与增强实境工具。如果组织在培训中需要使用虚拟实境或增强实境技术，那么就需要选择适合的硬件工具和软件工具。这可能涉及虚拟头盔、手柄、传感器等硬件设备，以及相应的开发工具和软件平台。

（3）移动学习应用。移动学习应用在数字化培训中的应用日益广泛。选择或开发移动学习应用需要考虑不同平台（iOS、Android 等）的适配性、界面设计、功能完整性等。移动学习应用可以为员工提供随时随地的学习体验。

（4）在线会议与直播工具。用于虚拟课堂、网络直播和远程培训的在线会议与直播工具需要具备稳定的连接、多媒体支持、互动功能等。一些常见的工具包括 Zoom、Microsoft Teams、WebEx 等，它们可以支持实时互动和教学。

（5）社交学习和协作平台。在线讨论、团队项目等社交学习和协作活动需要合适的平台。选择支持多种互动形式、在线讨论、文件共享等功能的平台，有助于促进员工之间的交流与合作。

（6）数据分析与反馈工具。为了实现数据驱动的个性化学习和持续改进，选择适当的数据分析与反馈工具非常重要。这些工具可以帮助组织分析员工的学习数据、行为和进展，从而制定更有针对性的措施和策略。

（7）游戏化学习平台。如果采用游戏化学习方法，需要选择支持游戏化设计和元素的平台。这些平台可以帮助设计并实施游戏化学习活动，包括设置挑战、积分、排名等。

（8）自主学习平台与个性化辅导工具。选择适合的自主学习平台和个性化辅导工具有助于员工更好地自主学习和个性化指导。这些工具可以根据员工的学习情况，提供定制化的学习内容和建议。在选择数字化培训平台和工具时，组织需要综合考虑员工的需求、培训目标、技术要求、预算等因素。定制化的平台和工具设计可以更好地满足组织的培训需求，并为员工提供更优质的学习体验。

5.3 数字化人力资源培训的影响与益处

5.3.1 对组织的影响与益处

数字化人力资源培训的应用为组织带来了多方面的影响和益处，从提升员工能力到促进组织创新，都在推动组织的可持续发展和竞争力提升方面发挥着重要作用。

（1）提升员工能力与素质。数字化人力资源培训通过多样化的学习形式和个性化的学习路径，帮助员工提升专业技能和综合素质。通过在线学习平台、虚拟课堂等，员工可以随时随地学习，跟上行业发展和知识更新的速度。

（2）提高学习效果与参与度。数字化培训方法的创新和个性化辅导，有助于提高员工的学习效果和参与度。互动式学习模块、游戏化学习等方法使培训变得更有趣味性和动力性，从而激发员工的学习兴趣和积极性。

（3）促进员工发展与职业晋升。数字化人力资源培训为员工的职业发展提供了更多的机会。个性化的学习路径和定制化的培训内容使员工能够根据自身兴趣和需求进行学习，从而提升自己的竞争力，实现职业晋升。

（4）加强员工满意度与留存率。数字化培训能够提供更灵活的学习方式，有助于提高员工的满意度和归属感。员工在培训中获得成就感和认可，有助于提高其忠诚度及留存率。

（5）降低培训成本与资源浪费。相对于传统的面对面培训，数字化培训可以降低培训的成本，减少纸质材料和场地租赁等费用。同时，数字化培训可以更有效地利用资源，从而提高培训的效率。

（6）支持组织创新与变革。数字化培训强调创新的培训内容及方法，有助于培养员工的创新思维和问题解决能力。同时，数字化培训也为组织的变革提供了支持，从而帮助员工适应变化和应对变化。

（7）数据驱动的决策与战略制定。数字化人力资源培训通过数据分析，为组织的决策和战略制定提供支持。通过收集并分析员工的学习数据和绩效数据，组织可以更好地了解他们的需求和潜力，从而制定相应的人力资源战略。

（8）增强组织竞争力与可持续发展。数字化人力资源培训提升了员工能力和组织创新力，有助于提升组织的竞争力。通过持续的学习和发展，员工和组织都能够更好地适应市场变化，从而实现可持续发展。

5.3.2　对员工发展的影响与益处

数字化人力资源培训对员工发展产生了积极的影响和多重益处，为员工提供了更广阔的学习机会和职业发展通道，同时也有助于提升员工的职业素质和个人价值。

（1）自主学习与灵活性。数字化培训强调自主学习，员工可以根据自身时间和需求自主选择并安排学习的内容和进度。这种灵活性使员工能够在工作之余学习，充分利用碎片化时间，提升自身能力。

（2）学习多样性与个性化。数字化培训提供了多样化的学习形式和资源，如视频课程、虚拟实境培训、互动模拟等。员工可以根据自己的学习习惯和兴趣选择最适合的学习方式，从而更好地掌握知识和技能。

（3）职业发展与晋升机会。数字化培训为员工的职业发展创造了更多的机会。个性化的学习路径和培训内容有助于填补员工自身的知识与技能缺口，提升其竞争力，从而获得更多的晋升机会和发展机会。

（4）提升技能与专业素质。数字化培训的多样化内容涵盖了各个领域的知识和技能。员工可以通过学习新的技能和知识来提升自己的专业素质，从而更好地胜任岗位、应对工作挑战。

（5）实践机会与问题解决能力。互动式模拟、虚拟实境培训等数字化培训方法为员工提供了实践机会，培养了他们的实际操作能力和问题解决能力。通过在虚拟环境中模拟实际情境，员工可以更好地应对工作中的复杂情况。

（6）创新思维与问题解决。数字化培训方法强调创新和互动，有助于培养员工的创新思维和问题解决能力。游戏化学习、情景模拟等活动可以激发员工的创造力，使他们能够更好地应对变化和创新。

（7）跨部门合作与交流。通过在线讨论、团队项目等形式，数字化培训促进了员工之间的合作与交流。跨部门合作有助于员工了解更多的领域和视角，增强综合素质和团队合作能力。

（8）资源共享与职业网络。数字化培训平台促进了员工之间的资源共享和职业网络的建立。员工可以通过在线平台分享知识、经验和资源，建立职业关系，为自身的职业发展开拓更广阔的视野。

5.4　本章小结

本章主要介绍了数字化人力资源培训的理论框架、关键要素，同时也揭示了数字化人力资源培训的影响与挑战，包括对组织的影响与益处以及对员工发展的影响与益处。结果表明，组织在进行数字化人力资源培训时，应采取适当的措施、选择合适的培训平台和工具，以确保数据的保密性、提高员工的接受度，为员工提供良好的学习体验；数字化人力资源培训不仅涉及培训内容的转变，还需要创新培训方法，以适应数字化时代的学习方式及需求；数字化人力资源培训的应用既为组织带来了多方面的影响和益处，也为员工提供了更广阔的学习机会和职业发展通道。未来，我们还可以继续深入探讨数字化工具的有效使用和解决数字化人力资源工作分析面临的挑战。这将有助于推动数字化人力资源工作分析在组织中的更广泛应用，以支持人力资源管理的优化和员工的发展。

6 数字化人力资源绩效管理变革研究

6.1 数字化绩效管理变革研究的背景

生产力是推动人类社会进步的根本动力，而代表生产力发展水平的是劳动工具，劳动工具的先进性的本源是人类社会认识世界、改造世界的知识和能力，反映了其时代的科技水平。世界近代史以来，即公元 1640 年以来，人类社会完成了三次工业革命，极大地改变了人类的生产生活方式，也改变了人类社会形态（改变了社会的生产关系）。

以蒸汽机的发明和应用为代表的第一次工业革命，是对人的四肢的解放，直接导致了家庭手工业和工场手工业向大机器工厂生产方式的转变；以电力和内燃机的广泛应用为代表的第二次工业革命，极大地促进了交通运输业的发展，使人类的生产制造业规模和分工交换区域进一步扩大；以计算机、信息技术、核能、自动化为代表的第三次工业革命带来了通信技术和信息化、自动化的革命，是对人的脑力劳动的极大解放，极大地改变了人们的生产生活方式；进入 21 世纪，以数字化、人工智能、万物互联为代表的第四次工业革命，必将更加深刻地改变人类社会的生产生活方式。正如本书绪论里所言，科技进步无一例外深刻影响着我们对个体、组织以及社会结构的认识；以数字化和智能化为核心的第四次工业革命会让企业和生产方式变得更加智能和高效，同时也会对劳动力市场和社会经济结构带来深刻的影响。企业的生产组织形式、企业管理、人力资源管理及绩效管理必将随着数字化和智能化的发展而发生深刻的变革。

现代企业的人力资源管理特别是绩效管理，既具有理论性，又有很强的实践性。要切实解决数字化智能化时代企业的生产经营管理中的实际问题，就必须理论与实践相结合，研究数字化人力资源管理特别是绩效管理的变革，以贴近社会实践，理论联系实际地解决企业绩效管理数字化变革中存在的问题。

每一个企业的建立与运行都是有某种既定目标的，即企业的宗旨、愿景和目标（战略）。要实现企业的宗旨、愿景和目标（战略），就需要多种资源的集合，其中最重要、最能动的资源是人力资源，即组织的活动要靠人去进行，目标要靠人去完成。所以，当今数字经济时代，组织管理中的核心问题是对人的管理。

对人的管理工作，应考虑企业为了实现宗旨、愿景和目标（战略）需要什么样能力和素质的人，这就需要根据企业所制定的宗旨、愿景和目标（战略）进行工作分析，确定各部门机构的功能及岗位，制定出岗位的职责和岗位说明书（岗位描述、岗位规范、岗位评价等），然后围绕招聘人、使用人、培育人、留住人、激励人等内容展开，其中心环节是用人，即把合适的人放在合适的岗位，并根据其完成工作职责的情况给予激励。要想使用人并激励人，企业就需要进行绩效考核和管理。因此，绩效管理涉及对员工工作目标的确定、工作绩效的考核、工作报酬的给付等方面的内容，再往深层讲，还会涉及一个组织对员工的职业生涯管理和激励等事项。

有企业管理者和学者总结了企业的管理实践，对于绩效管理在企业管理中的地位和作用，他们认为：企业管理等于战略管理，战略管理等于人力资源管理，而人力资源管理就等于绩效管理。企业管理的难点就是绩效管理，企业管理者的困惑就是如何通过绩效管理提升员工执行力。

在现代市场经济条件下，人力资源管理与企业战略的关系，绩效管理在人力资源管理工作中的作用和地位，特别是绩效管理与企业战略的关系，绩效管理如何进行才能有效地实现企业战略目标，这些都是要做好企业管理必须解决的问题。绩效管理的宗旨是什么？考核什么？如何考核？由谁来进行考核？绩效考核的经济性和有效性如何？等等，都是困扰企业的问题，也是绩效管理实践和人力资源管理教学中需要解决的问题。

6.2　数字化绩效管理变革研究的意义

6.2.1　绩效管理是企业价值分配的基础

20世纪70年代后期，有西方学者提出"绩效管理"这一概念和术语。随着人们对人力资源管理理论和实践研究的深入，在20世纪80年代后期和90年代早期，绩效管理逐渐发展成一个被广泛认可的人力资源管理过程。传统的绩效管理认为：企业为了实现自身的效益目标对员工的工作任务进行安排、监督以及控制的过程，绩效管理目的在于提升员工的能力，激发员工的工作热情，最终提升企业的经济效益。

在数字经济背景下，人力资源绩效管理需要转变传统的管理模式，企业要结合自身人力资源管理特点，以数据分析系统为管理的依据，对员工的行为和结果进行绩效管理，促使人力资源的价值得到最大限度的发挥。绩效管理是企业通过激发员工工作自主性、创新性、责任心，提升员工工作业绩，并且使绩效与企业的战略目标保持一致的持续性过程。其主要表现形式为：工作效率、工作数量和质量、工作效益、潜在的能力等。

绩效管理不仅决定了企业能创造什么样的价值，还决定了企业价值如何分配。绩效管理是企业员工价值分配的依据。企业通过绩效管理对员工的产出实施的考评，有助于明确个人工作标准，是对企业员工工作表现的检查和监督，能够营造公平的竞争环境，使员工能够主动努力工作，形成良好的工作氛围；为企业对员工的管理决策提供依据，如为员工职位升降、辞退、转岗、薪酬等提供了必要的依据；解决了员工的培训、职业规划等问题，有助于员工个人的职业生涯发展，从而更好地促进企业和部门的人力资源开发。

6.2.2　绩效管理可以节约管理者的时间成本

绩效管理可以使员工明确自己的工作任务和目标，减少员工之间因职责不明而产生纠纷、失误和误解；通过帮助员工找到错误和低效率原因的手段来减少错误和差错，全面激发员工的潜质，提高绩效管理效率；可使各级领导不必介入所有正在从事的各种程序性事务中进行过细管理，而着重解决例外管理问题。绩效管理是一种为防止问题发生而进行的时间投资，可以用最小的成本实现最大的收益。

6.2.3 绩效管理有助于提高沟通的有效性

企业在绩效考评后，对绩效好的员工要给予及时的肯定，并总结其高绩效的原因，尽可能固化成经验，让团队学习；同时，鼓励其在下一轮的绩效管理里面冲刺更高的绩效目标；也可以鼓励其多帮助其他员工，改善团队的绩效。对绩效完成不好的员工，要和他一起找出影响绩效的原因，寻找改进的方法，拟定改进绩效的计划，帮助其在下一轮的绩效管理循环中实现更好的业绩。如有的员工其个性、能力、素质等不适合某岗位的要求，人力资源管理部门和其上级管理者应尽早做出调整岗位安排的决定，做到"人适其岗"。对绩效考核中等的员工，要在给予适当肯定的同时，同样要认真了解其岗位匹配的问题，辅助其提高能力和素质，不断改进和提高其绩效水平。

6.3 数字化人力资源管理与绩效管理的关系

马克思主义政治经济学认为，人的活劳动是创造价值的唯一源泉。人力资源就是人的劳动能力，是推动社会政治经济文化持续运行和发展的唯一具有能动性的关键资源。只有人力资源配置以及人力资源管理各环节（各大模块）的协调配合，才能保证整个系统功能的实现，从而支持企业战略目标的最终实现。

要研究数字化人力资源管理与绩效管理的关系，我们就要研究清楚现代企业数字化人力资源管理的全过程（见图6.1）。

在现代企业管理实践中，企业人力资源管理者往往会在一定程度上存在"只见树木不见森林"的问题，即不了解人力资源管理各项活动（各模块）与企业战略和经营的关系，不能把握各模块之间的联系和逻辑关系问题，特别是绩效管理与各模块及企业战略之间的关系问题。研究数字化人力资源管理全过程，需要通过更加直观的方式看清楚人力资源管理的全过程，以及绩效管理的原理与各人力资源管理环节的联系，从而提高人力资源管理和绩效管理的效率和水平。

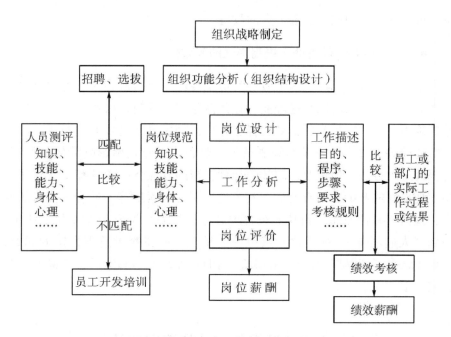

图 6.1 企业数字化人力资源管理的全过程

绩效管理是通过对企业战略的建立、目标分解、业绩评价，并将绩效考评成绩用于企业日常管理活动中，以激励员工业绩持续改进并最终实现组织战略以及目标的一种正式管理活动。对于绩效管理，我们不仅要知其然，而且要知其所以然。

其一，要进行企业战略的制定，并根据企业战略制定有效的人力资源战略。企业管理首先就是要保证"做正确的事"，其次就是要保证"正确地做事"。战略，主要解决"做正确的事"这个问题，事关"效果"与组织的发展；管理机制，主要是解决如何"正确地做事"，事关"效率"与组织的生存。

其二，要根据企业战略和人力资源战略进行组织功能划分和结构设计，使部门的功能职责与企业战略无缝链接。企业战略是企业根据其所处的外部环境的机会和威胁，分析内部所具有的优势和劣势对企业未来的生存和发展所做的总体谋划、目标和策略。企业战略包括企业宗旨、使命、经营范围、目标、盈利模式等；人力资源战略是企业战略下的人力资源管理职能战略。人力资源战略是指企业综合分析企业的内外部环境，制定并实施的符合企业总体战略要求的人力资源管理的目标、结构和规划的总和。人力资源战略的重点在于人力资源的体系与结构，而不是人力资源的具体职能。

其三，要进行岗位研究。岗位研究要使岗位的职责任务与部门的功能职责目标无缝链接。岗位研究是工作分析、岗位设计和岗位评价等活动的总称。更确切地说，它是以企业各类劳动者的岗位为对象，采用科学的方法，经过系统的工作分析和岗位评价，制定出岗位规范等管理文件，并对岗位做出评价，为员工的招聘、考核、培训、晋升、调配、薪酬和奖惩提供客观依据的过程。

其四，要进行岗位设计就必须进行工作分析，工作分析的成果包括三部分内容：工作描述、岗位规范（任职资格）、岗位评价（用于评定岗位薪酬）。岗位评价是指在工作分析和岗位设计的基础上，系统地对组织的不同岗位的相对价值进行评定，确定不同职位的价值等级，为组织建立一套职位结构的过程。工作描述是用来说明工作执行者实际在做什么、如何做以及在什么条件下做、如何考核的一种书面文件。岗位规范是用来说明工作执行者为了圆满完成工作所必须具备的知识、能力和技术等资格条件及要求。

其五，岗位规范用于企业招聘、选拔、任用合格的员工和员工培训工作。简单地说，就是把应聘者、竞聘（领导岗位）者的人员测评（以岗位规范为标准）结果与任职岗位规范的要求相比较，谁匹配就招聘谁，谁匹配就选拔谁；缺什么就培训什么，谁缺就培训谁。

其六，工作分析的成果描述为员工考核、晋升等提供了依据。员工的考核、晋级、提升过程如果缺乏科学的依据，将会降低员工的积极性，使企业的生产以及各项工作受到严重影响。根据工作分析的结果，企业人力资源部门可制定出各类人员的考核指标和标准，以及晋级、提升的具体条件，为员工的考核、晋升提供科学的依据。绩效考评是指对照工作目标或绩效标准，采用科学的方法，评定员工工作目标的完成情况、员工的工作职责履行程度、员工的职业发展状况等，并将其反馈给员工的过程。绩效考评的目的是提高组织的管理效果和效率，实现组织的战略目标，以及促进员工工作效能的提高，使员工与组织得到共同成长和发展。考评方法应为：将员工的实际工作业绩与岗位工作描述进行对照，即将员工（或部门）实际工作的结果或过程与其绩效考评的考评标准进行比较，从而得出该员工（或部门）的考评结果。从原则上讲，不宜将员工甲与员工乙（或A部门与B部门）的工作通过对比得出其考评结果。最后，要根据绩效考评的结果，制定相应的绩效薪酬（浮动工资或奖金），但必须要考虑不同岗位评价的系数。

综上所述，可以看出，人力资源管理各阶段工作的依据和基础是工作分析，企业招聘、任用、选拔合格的员工和员工培训工作都是为提升员工的绩效服务的，人力资源管理的核心是绩效管理，而绩效管理的终极目标是实现企业的战略目标。

6.4 现代企业数字化绩效管理实践中存在的问题

通过上节对数字化人力资源管理全过程的阐述，我们对企业战略制定、组织结构功能设计、岗位设计、工作分析、岗位评价、岗位固定薪酬、招聘选拔、开发培训、绩效考核、激励、绩效薪酬等环节的逻辑关系有了一定的了解。

接下来，通过对现代企业实践进行调研，查阅相关企业管理的文献并进行分析和梳理后可以发现，有些企业的人力资源管理和绩效管理不但不能适应数字经济时代对企业变革的要求，甚至不能满足传统经济模式对人力资源管理和绩效管理的基本要求，需要变革和改进。

6.4.1 绩效考核指标设计不当

绩效考核指标未能充分体现企业发展战略，不能有效承接企业发展目标，定性评价指标无法得到合理、客观评价。员工的绩效指标不是从企业的战略目标逐层分解得到的，而是根据各自的工作内容提出的，不是自上而下的分解。在实际的操作中，部分企业采用一些无准确定义的指标来考核员工，导致绩效管理流于形式。绩效考核就是为薪酬发放提供依据的认识还是片面的，绩效管理不仅能促进组织和个人绩效提升，还能促进管理流程和业务流程的优化，最终保证组织战略目标的实现。

6.4.2 绩效管理的针对性不强

对于不同的岗位，其业务流程和工作性质不宜采用相同的考核框架、指标和方法，不进行工作分析和岗位设计，就不能充分体现业务特点和职责特性。这主要是企业的数据收集、加工、分析能力不足，特别是对一些定性的或非标准化的数据可能会无能为力，从而导致难以形成和实施分层分类的科学评价体系。如此一来，绩效管理的公平性和公正性也就难以得到保证。

传统人力资源绩效管理的核心内容围绕在任务处理上，对员工绩效考核主要是根据员工完成上级布置任务量的情况，绩效考核往往忽略本身的管理模式，对外部人力资源管理环境了解不足，人力资源管理方式相对比较陈旧，缺乏完善的人力资源绩效管理制度，无法形成有效的绩效管理机制。所以，现代企业绩效管理的数字化变革势在必行。

6.4.3　绩效管理的时效性不够

在传统企业管理中，企业的绩效考核评价以年度、季度考核为主，但对于某些需要即时业绩贡献评价和反馈的岗位，特别是对规模较大的企业来说，在产品部门和客户关系部门间存在复杂的相互影响等交叉营销关系，如果员工绩效表现无法得到及时反馈，就会因此导致对员工的绩效管理效果不佳。有些企业在人力资源管理中，其绩效管理与其他人力资源管理环节脱钩，作为一项独立的工作去执行，注重条例和过程，没有目的性和思想性，没有体现工作分析是人力资源管理工作的基础和依据，更没有体现各环节与公司战略之间的逻辑关系。

6.4.4　绩效管理认识片面

有些企业认为人力资源管理工作就是人力资源管理部门的事，与企业其他管理部门和管理者无关；绩效管理就是绩效考核，只是为了给员工公平合理发放工资奖金服务而已。如果人力资源管理缺乏思想性和逻辑性，就会误导管理者和员工，认为人力资源管理和绩效管理只是人力资源管理部门的职责，甚至认为绩效管理就是为了压迫员工按要求完成工作任务，与员工斤斤计较。

而实际上，人力资源管理和绩效管理是每一位管理者的职责和工作。也就是说，一个管理者，不论他是哪个部门哪个级别或者是从事哪个专业的工作，只要他是一个管理者，他都在从事着人力资源管理和绩效管理工作。因此，每一个管理者都需要有人力资源管理和绩效管理的意识、知识、思想和技能。从某种程度上说，从事人力资源管理的管理者可以从事任何的管理工作。

6.4.5　对绩效管理重要性认识不足

有些企业对绩效管理是人力资源管理的重要性认识不足，甚至认为绩效管理费时费力，有时还会严重影响企业的人际关系。而实际上，绩效管理工作是企业管理中的核心环节，是实现公司战略的台阶和基石。从一定程度上说，人力资源管理的其他职能都是为企业的绩效管理服务的。因为，只有实现了各个岗位各个部门的绩效，才能实现公司的战略目标，而企业所有的部门及岗位所从事的所有的工作，都是为了实现公司的战略目标服务的。所以，对绩效管理的宗旨、目的、思想性、逻辑性的研究需要加强。

6.4.6　绩效管理的逻辑混乱

有些企业管理者在人力资源管理（包括绩效管理）中偏重于知识（是什么）和技能（如何做）的培训和考核，而对各个人力资源管理环节目的逻辑即为什么做缺乏理解，往往会把工作的目的和手段倒置，只知其一不知其二，"只见树木不见森林"，只知其然不知其所以然。特别是对绩效管理与其他模块和环节是什么关系缺乏研究和解释，以至于把绩效管理简单地等同于绩效评估或绩效考核。

绩效评估或绩效考核中所使用的方法，有些是简单机械的照抄照搬过时的内容和方法，如排列法、对比法、交叉对比法、强制分类法等，这些方法在企业绩效考核中已经过时，很少有企业在实际绩效管理中使用这些方法；有些属于照抄照搬所谓国外的先进方法，如360度评法、末位淘汰制等，这些只讲方法，不分析其所以然和可能产生的危害，从而导致过度的恶性竞争、激化矛盾、影响员工（或部门）间的相互合作等。

综上所述，在本章的研究中，需要人力资源管理（绩效管理）各环节的联系和逻辑性，从理论和实践两方面进行研究并期望有所改进，期望得到各位读者和专家的认可和肯定。

6.5 现代企业数字化绩效管理如何将理论与实践相结合

绩效管理是一项理论性和实践性要求都较高的人力资源管理工作。绩效管理和绩效考核要求：一是从管理理论的角度予以说明；二是从经济学理论的角度加以说明。部分企业在绩效管理（考评）的实践中也存在着一些普遍性问题：较重视对结果的考评，不太重视对过程的考评；单纯依赖严格的考核制度，不重视考评的效果和绩效管理；对国外有些非议比较大的考核方式如主管考评、360 度考核、末尾淘汰制等照搬照用，不注意结合企业实际，注重"人治"，不注重"法治"。这些问题都需要人力资源管理工作者在管理实践中予以关注和改进。

6.5.1 现代企业为什么要进行绩效管理

要进行绩效管理，就需要讲清楚为什么要进行绩效管理。在现代企业"股东所有"的观念支配下，由于所有权与经营权的分离，非人力资本所有者（股东）与人力资本所有者（经理层及公司员工等）所追求的目标不一致，产生了绩效管理的三大难题：信息不对称、人的自利性与委托—代理问题。

信息不对称是由于企业股东一般不参与企业的实际经营活动，无法获得经营管理者在实际工作中的真实信息，从而有可能使激励约束不相容，即有可能造成经营者侵害所有者权益的情况发生。

人的自利性问题是由于人的自利性，在企业经营权与所有权分离的情况下，股东的目标是要求企业的利润最大化或企业的价值最大化，而企业经营者的目标则是要求个人收益最大化。这两个目标是不一致的，这就需要通过绩效管理，制定两者相容的目标体系进行相容的激励与约束。

委托—代理关系问题是指由于股东与经营管理人员是委托—代理关系，所以他们对企业的经营结果所负的责任是不对等的。对于现代大型企业来说，在经营失误或不佳的情况下，股东所承担的损失要比经营管理人员的损失大得多。所以，股东强烈要求加强企业的绩效管理、强化监督。而企业董事会与经理层及各级经理与员工之间，也普遍存在着这种委托—代理的关系，而监督是有成本的，这也要求进行高效的绩效管理。

6.5.2 绩效管理与绩效评估、考评的关系

企业管理的难点是绩效管理，企业管理者棘手的问题是员工没有绩效执行力，这就需要搞清楚什么是绩效管理。现实情况是，许多企业在管理实践中只是把绩效管理中的一个环节的绩效评估、绩效考核混同于绩效管理，只讲绩效评估，不讲绩效管理。

绩效管理是通过对企业战略的制定、战略目标指标的分解、部门及员工的绩效考评，并将绩效考评结果应用于企业日常管理活动中，以激励员工业绩持续改进并最终实现组织战略及目标的管理活动。

绩效管理是一个过程，即首先明确企业要做什么（目标和计划）；其次找到衡量工作做得好坏的指标与标准进行监测（构建指标与标准体系并进行监测），通过管理者与被管理者的互动沟通，将目标责任层层传递（辅导、沟通），发现做得好的（绩效考核）进行奖励（激励机制），使其继续保持或者做得更好，能够完成更高的目标。更为重要的是，发现不好的地方（绩效检讨），通过分析找到问题所在，进行改正（绩效改进），使得工作做得更好。这个过程就是绩效管理过程。

由上可知，在战略的基础之上建立科学合理的企业目标，可以保证员工工作目标与组织目标的无缝链接和一致性，按计划实现之，就是绩效管理。

6.5.3 绩效管理的宗旨（目的、目标、意义）

绩效管理的宗旨（目的、目标、意义）在于：一是不断提高组织管理的效果和效率，实现组织的战略目标；二是不断促进员工工作效率和能力的提高，使员工与组织共同成长和发展。绩效管理本身是手段，其宗旨才是最为重要的，如何进行绩效考评，考评什么，用什么方法来考评，由谁来考评，在什么时间考评，甚至于考评还是不考评，都决定于是否有利于绩效管理宗旨的实现。

6.5.4 绩效管理考评的客体，即考评什么

绩效考评是指对照工作目标或绩效标准，采用科学的方法，评定员工工作目标的完成情况（结果）、员工工作职责履行的程度（过程）、员工能力发展的状况（素质）等，并将其反馈给员工的过程。

考评内容（如图 6.2 所示）不能是领导或管理者凭主观（有时是个人喜好）意愿想评什么就考评什么（A）；也不能是员工干什么（有的员工乐于助人料理私事、人缘好，荒废本职工作）就考评什么（B）；更不能是领导凭个人需求（有时是一己之私）要求什么就考评什么（C）；而应该是组织希望员工干什么就考评什么（D）。

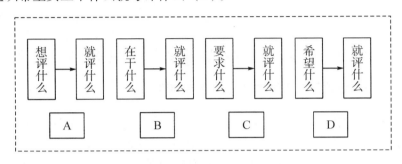

图 6.2　四种考评客体的选择

在实际工作中，考评内容是根据岗位工作分析的结果来确定的。对考评客体（工作职责、目标、过程、规则等内容）的全面描述应该是组织（企业）根据战略希望什么（分解到各岗位的职责和目标），就要求员工理解什么（工作职责、目标），就让员工干什么（具体工作内容和过程），然后就选择其希望的内容（工作描述的工作标准和绩效指标）来进行考评（如图 6.3 所示）。考评内容应与职位说明书和岗位规范的要求内容相一致。

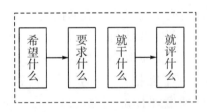

图 6.3　考评客体的正确选择

6.5.5　绩效管理考评的主体，即由谁来进行考评

绩效管理考评主体的选择原则如下：

（1）员工向谁负责，就由谁来考评。上级主管可以考核下属，因为责任是连带的不能下授；生产流水线的上道工序产成品是下道工序的在制品，上道工序员工要向下道工序员工负责，下道工序员工可参与上道工序

员工的绩效考评工作。

（2）员工为谁服务，就由谁来考评。如企业餐厅员工（大师傅等服务人员）的考核应由用餐的员工参与考核；在大学，学生应参与对任课教师的考核，即评教。

员工考评的主体选择应根据生产线工艺流程、工作流程以及岗位与岗位的工作关系来决定。有关的考核主体选择需要具体情况具体分析，如不能让财务部门去考核审计部门，也不能让会计和出纳互相考评，更不能让客户去考评营销人员或让供应商考核公司采购部门和采购人员等。

6.5.6　绩效管理中绩效考评的基本原理

绩效管理中绩效考评的基本原理或方法应为：将员工的实际工作业绩与岗位说明书进行对照，即将员工（或部门）实际工作的结果或过程，与其绩效考评的考评标准进行比较，从而得出该员工（或部门）的考评结果。原则上，不宜将员工甲与员工乙（或 A 部门与 B 部门）的工作通过对比得出其考评结果。

绩效管理中绩效考评的方法在企业管理实践中应与时俱进，不断变化和改进，但有些企业仍然遵循传统的排序法、交叉对比排序法、强制（优、良、中、差百分比）分布法等进行绩效考评。这些方法貌似简单、有效、易行，实际上会造成部门和部门之间以及员工和员工之间的矛盾，影响相互团结，甚至影响部门之间以及员工之间在工作中的协同与配合度，增加隐形的企业运行成本，造成巨大的损失。

在绝大多数情况下，部门和部门之间以及员工和员工之间的工作是无法做简单对比的。例如，人力资源部门招聘一个员工和财务部门完成一笔贷款是不可比的，就如同不能把西瓜和辣子相比较，问哪个或谁更好一样。说得绝对一点，即使考评标准完全一致，也不宜将员工甲与员工乙（或 A 部门与 B 部门）的工作进行对比。

所以，正确的考评方法应该是，将员工的实际工作业绩与员工个人的岗位工作描述进行对照，即将员工（或部门）实际工作的结果或过程，与其绩效考评的考评标准进行比较，从而得出该员工（或部门）的考评结果。

6.5.7　绩效薪酬（奖金或浮动薪酬）的确定

企业需要根据绩效考评的结果制定相应的绩效薪酬（浮动工资或奖

金），但必须要考虑不同岗位评价的系数。职位评价是指在工作分析和岗位设计的基础上，系统地对组织的不同岗位的相对价值进行评定，确定不同职位的价值等级，为组织建立一套职位结构的过程。职位评价是确定薪酬和进行薪酬管理的依据和前提。岗位薪酬是在岗位评价及典型岗位外部市场薪酬水平调查的基础上产生的。绩效薪酬决定于岗位评价系数和绩效考核结果。

如表 6.1 所示，总经理的绩效薪酬理论上应该是岗位评价系数与基础奖金 1 万元及绩效完成百分比之积（8×1×90%＝7.2 万元），而不应该是基础奖金 1 万元与绩效完成百分比之积（1×90%＝0.9 万元）。

表 6.1　岗位评价岗位薪酬绩效考核与绩效薪酬的关系

类别	岗位评价	岗位薪酬 /万元	效绩考核 /%	绩效薪酬 （错误） /万元	绩效薪酬 （正确） /万元
总经理	8	2.4	90	0.9	7.2
高级研发	6	1.8	110	1.1	6.6
HR 经理	5	1.5	100	1.0	5.0
员工甲	1	0.3	100	1.0	1.0
员工乙	3	0.9	130	1.3	3.9

岗位评价是在岗位分析和设计的基础上，企业按照一定的客观标准，从岗位职责的技术繁简、难易程度以及劳动负荷、劳动环境、责任大小、所需任职资格条件等方面出发，对岗位所进行的系统衡量、评比和估价的过程。岗位评价工作就是对不同岗位上所需的不同价值的人力资本的评价。

岗位评价的实质就是对不同岗位上的劳动的复杂程度和强度的评估，也就是对不同岗位上的劳动在单位时间内所能创造的价值或相对价值的评估。岗位评价的目的就是给岗位分类和划分等级，制定不同岗位上的劳动报酬标准，以按劳分配为原则，公平合理地激励劳动者的劳动积极性。岗位劳动评价的五大基本要素是：劳动责任、劳动技能、劳动强度、劳动环境和劳动心理。

6.6　绩效管理在数字化企业管理变革中的作用

在传统的企业人力资源管理实践中，往往把人力资源管理工作分为六个部分：人力资源规划、招聘与配置、培训与开发、绩效管理、薪酬福利管理、劳动关系（职业生涯）管理。关于人力资源管理工作的基础和依据的工作分析，调研发现，在管理理念较为落后的一些中小企业中，往往不够重视工作分析，从而使人力资源管理的科学性大打折扣；企业人力资源管理中最为重要的绩效管理往往仅以绩效评估或绩效考核代替。

绩效是指组织、团体、员工在一定时间、空间等条件下为达成预期目标和任务所表现出的工作行为和所取得的工作结果，其主要表现形式为：工作效率、工作数量和质量、工作效益、潜在的能力。

绩效考评是指对照工作目标或绩效标准，采用科学的方法，评定员工工作目标的完成情况、员工的工作职责履行程度、员工的职业发展状况等，并将其反馈给员工的过程。

绩效管理是指通过对企业战略的建立、目标分解、业绩评价，并将绩效考评成绩用于企业日常管理活动中，以激励员工业绩持续改进并最终实现组织战略以及目标的一种持续管理活动。绩效管理可以划分为三个层次：企业整体、职能部门或业务单位、岗位。相应地绩效考评也可以划分为三种：企业整体绩效、部门或单位绩效、岗位绩效。

绩效管理在人力资源管理中的作用：促进组织和个人绩效的提升；促进管理流程和业务流程的优化；保证组织战略目标的实现；提升员工的满意度；促进员工和企业共同成长；确定员工的薪资报酬；进行员工的培训开发；决定员工的升降调配；制定有效的奖惩措施。

只有人力资源配置以及人力资源管理各环节（各大模块）相互协调配合，才能保证整个系统功能的实现，从而支持企业战略目标的最终实现。但在企业人力资源管理实践中，这六大模块和环节却是相互孤立、相互脱节的，没有用为战略服务的内在逻辑把它们连接起来，特别是绩效管理与其他模块和环节是什么关系缺乏研究和解释，以至于把绩效管理简单地等同于绩效评估或绩效考核。这些问题的存在使得绩效管理在企业管理中的作用难以充分发挥，其危害已在实践中产生。

6.7　绩效管理数字化变革新实践

6.7.1　绩效管理方法更加丰富

大数据创建了共享、平等、开放的平台，促使企业的管理结构更加扁平化，打破了过去传统的以管理者为中心、以结果为导向的评价反馈机制。绩效管理不再局限于传统的如员工现场管理、考核数据手工录入、面对面沟通辅导等方法，越来越多的企业通过系统获取视频、图片等数据，生成相应的数据报告，实现对员工的非现场管理，通过数据比对，总结出员工差异性和多样性报告。例如，微信群、QQ 群等沟通平台，办公 OA 系统的应用等，管理者能够及时看到员工的工作状态及业绩贡献，这大大提高了绩效管理的效率。

6.7.2　绩效考核指标更加多元

从传统上看，绩效考核会避免设置无法客观评价的指标，大数据技术的发展使以往难以获取或难以量化但更能体现核心职责的指标作为常规考核指标成为可能，使绩效反馈评价更加直观、及时、科学。

很多企业为避免绩效考核指标过于依赖结构化数据的问题，增加了如图片、录像、进度分析报告等，这些数据丰富了数据源的维度，加入了很大比例的非结构化数据，使数据评价绩效表现的指标类型多样化。例如，企业通过搜集网络上的客户评价内容，实现对前台员工外部客户满意度的评价。

6.7.3　绩效过程管理更加扎实

通过获取一些关键的人力资源数据，能够改进企业中的上、下级以及同事之间的关系，建立融洽的工作氛围，形成良好的企业文化，构建良性循环链条；同时，可以调节感性与理性的占比，辅助管理者更科学地进行管理；还可以改进传统的结果导向型方法，使用综合型的人力资源绩效考核方法。此外，大数据还实现了流程自动化，把人力从繁杂的基础核对工作中解放出来，更多地关注考核之后的评价与改进。

6.7.4 绩效管理质效显著提升

随着互联网和云技术的不断发展，企业通过对数据的收集、处理和分析，构建出绩效与指标之间的模型，健全绩效反馈机制，将会极大地促进绩效改进，从而达到绩效管理的目的。数字化绩效管理的变革，除了能更加精准地评价员工绩效、行为模式，及时评价其工作能力的胜任指标外，还解决了传统数据滞后的问题，更加及时地收集数据、优化管理流程、解决各环节脱节问题，并及时有效地进行调控，以实现公司的战略目标。

6.8　本章小结

本章主要阐述了数字经济时代，人力资源管理及绩效管理数字化变革的背景与意义。生产力是推动人类社会进步的根本动力，而代表生产力发展水平的是劳动工具，劳动工具的先进性的本源是人类社会认识世界、改造世界的知识和能力，反映了其时代的科技水平。世界近代史即公元1640年以来，人类社会已完成了三次工业革命，进入21世纪，以数字化、人工智能（AI）、万物互联为代表的第四次工业革命必将更加深刻地改变人类社会的生产生活方式。以数字化和智能化为核心的第四次工业革命会让企业和生产方式变得更加智能和高效，同时也会对劳动力市场和社会经济结构带来深刻的影响。企业的生产组织形式、企业管理、人力资源管理及绩效管理必将随着数字化和智能化的发展而发生深刻的变革。

为研究数字化人力资源管理与绩效管理的关系，本章还研究了现代企业数字化人力资源管理的全过程，阐述了数字化变革背景下，企业战略制定、组织结构功能设计、岗位设计、工作分析、岗位评价、岗位固定薪酬、招聘选拔、开发培训、绩效考核、激励、绩效薪酬等环节的逻辑关系。通过对现代企业实践调研，本章分析并梳理了部分企业的人力资源管理和绩效管理不能适应数字经济时代对企业变革要求的原因，以及其需要变革和改进的问题。

结合绩效管理的理论性和实践性的双重要求，本章研究讨论了现代企业数字化绩效管理理论与实践相结合的变革：①绩效管理和绩效考核的本质是要解决管理中的三大难题：信息不对称、人的自利性和委托—代理问题。②绩效管理的宗旨（目的、目标、意义）在于，一是不断提高组织管理的效果和效率，实现组织的战略目标；二不断促进员工工作效率和能力的提高，使员工与组织共同成长和发展。③在深刻认识绩效管理本身是手段，其宗旨是目的的基础上，具体分析了如何进行绩效考评，考评什么，用什么方法来考评，由谁来考评，在什么时间考评，甚至于考评还是不考评，都应该决定于是否有利于绩效管理宗旨的实现。④要根据绩效考评的结果，制定相应的绩效薪酬（浮动工资或奖金），但必须要考虑不同岗位评价的系数；绩效薪酬决定于岗位评价系数和绩效考核结果。

此外，本章分析研究了数字化绩效管理在人力资源管理中的作用：促进组织和个人绩效的提升；促进管理流程和业务流程的优化；保证组织战略目标的实现；提升员工的满意度；促进员工和企业共同成长；确定员工的薪资报酬；进行员工的培训开发；决定员工的升降调配；制定有效的奖惩措施。

最后，本章研究了绩效管理数字化变革的新实践，认为数字化变革背景下的绩效管理将发生四个方面的变化：①绩效管理方法更加丰富。大数据创建了共享、平等、开放的平台，促使企业的管理结构更加扁平化，打破了过去传统的以管理者为中心、以结果为导向的评价反馈机制，将使绩效管理更加量化、及时、有效、合理、人性化。②绩效考核指标更加多元化。在大数据技术发展的背景下，绩效管理数字化变革会使以往难以获取或难以量化的指标数量化，使绩效反馈评价更加直观、及时、科学。③绩效过程管理更加扎实。通过大数据及绩效管理流程自动化，可以获取关键客观的人力资源数据，改进企业中的上、下级关系以及同事之间的关系，建立融洽的工作氛围，形成良好的企业文化，构建良性循环链条。④绩效管理质效将显著提升。随着互联网和云技术的不断发展，企业通过对数据的收集、处理和分析，构建出绩效与指标之间的管理模型，将会极大地促进绩效改进，从而达到绩效管理的目的。

7 数字化人力资源薪酬激励变革研究

随着信息技术的迅猛发展和普及应用，数字化转型已经深刻影响了各个行业和组织的运营模式和管理方式。人力资源管理作为组织的重要支撑部门，也面临着数字化转型的挑战和机遇。在人力资源管理中，薪酬激励一直被认为是激发员工积极性、增强工作动力的重要手段。然而，传统的薪酬激励模式面临着很多问题和限制，如刚性的薪酬结构、缺乏个性化激励、信息不对称等。

为了适应数字化时代的需求，越来越多的组织开始探索数字化人力资源薪酬激励的变革。数字化人力资源薪酬激励是将数字技术和人力资源管理相结合，通过数字化薪酬管理系统、数据分析和预测、智能化薪酬决策等手段，实现薪酬激励的个性化、智能化和精细化。数字化人力资源薪酬激励的变革旨在提高薪酬管理的效率和准确性，增强组织的灵活性和创新能力，同时满足员工个性化的激励需求，促进员工的职业发展和提升工作满意度。

尽管数字化人力资源薪酬激励变革在理论和实践中都取得了一些进展，但仍然存在许多问题和挑战。首先，数字化技术的快速发展导致相关技术和工具的更新换代很快，组织需要不断跟进并适应新的技术环境。其次，数字化人力资源薪酬激励涉及大量的员工数据和个人隐私，如何保障数据的安全性和合规性是一个重要的考量因素。此外，数字化人力资源薪酬激励变革还需要与组织文化和变革管理相结合，以确保员工对变革的接受和支持。

因此，本章旨在深入探讨数字化人力资源薪酬激励变革的理论基础和实践应用，分析其对组织和员工的影响，并提出相关的建议和对策。通过研究数字化人力资源薪酬激励变革，我们可以更好地理解数字化时代下薪酬激励的新趋势和发展方向，为组织和员工提供有效的管理策略和实践指导。此外，本章的研究还可以为学术界提供关于数字化人力资源薪酬激励变革的理论研究和实证分析，丰富相关领域的研究成果。

7.1　数字化人力资源薪酬激励的概念、特点和发展背景

7.1.1　数字化人力资源薪酬激励的概念

数字化人力资源薪酬激励是指将数字技术和信息化手段应用于人力资源薪酬管理中，以实现薪酬激励的个性化、智能化和精细化。它通过数字化薪酬管理系统、数据分析和预测、智能化薪酬决策等方式，改变传统薪酬激励的模式和方式，以适应数字化时代的需求。

数字化人力资源薪酬激励的核心是将薪酬管理与数字技术相结合，通过数据驱动和智能化决策，实现薪酬的个性化和差异化。它利用先进的信息技术和数据分析工具，从员工绩效、市场薪酬水平、员工需求等多维度的数据中获取准确的信息，为薪酬决策提供科学依据，以达到公平、合理和激励的目的。

7.1.2　数字化人力资源薪酬激励的特点

（1）个性化激励。数字化人力资源薪酬激励注重将薪酬激励与个体需求相匹配，实现个性化的激励措施。传统的薪酬激励往往采用统一的薪酬结构和标准，忽视了员工的差异性；而数字化人力资源薪酬激励能够通过数据分析和个体评估，根据员工的绩效、能力、贡献等因素，为不同的员工设计个性化的薪酬激励方案，增强激励效果并提高员工满意度。

（2）智能化决策。数字化人力资源薪酬激励借助人工智能和数据分析技术，实现薪酬决策的智能化和自动化。通过建立数字化薪酬管理系统，搭建数据平台和算法模型，企业能够快速、准确地分析员工的绩效和贡献，预测薪酬调整的影响，支持决策者做出科学的薪酬决策。

（3）精细化管理。数字化人力资源薪酬激励强调对薪酬管理的精细化管理和监控。通过数字化薪酬管理系统的应用，企业可以对员工薪酬数据进行实时监测和分析，了解薪酬的结构与变动情况，及时发现并解决问题，从而提高薪酬管理的效率和准确性。

（4）数据驱动。数字化人力资源薪酬激励依赖于大数据和数据分析，注重以数据为基础进行决策和优化。通过收集、整理和分析各种员工数据，如绩效数据、市场薪酬数据、员工调研数据等，可以为薪酬决策提供

科学依据，从而避免主观判断和不公平现象。

（5）综合运用技术手段。数字化人力资源薪酬激励借助各种信息技术和工具，如云计算、大数据分析、人工智能、区块链等，实现薪酬管理的全面升级。这些技术手段能够提高薪酬管理的效率和准确性，增加决策的科学性和准确性，从而提升员工满意度和工作动力。

7.1.3 数字化人力资源薪酬激励的发展背景

（1）技术发展的推动。数字化人力资源薪酬激励的发展得益于信息技术的快速发展和广泛应用。随着云计算、大数据分析、人工智能等技术的成熟和普及，人力资源管理领域也逐渐借助这些技术来实现数字化转型。这些技术的应用为数字化人力资源薪酬激励提供了强有力的支撑和基础。

云计算技术使得人力资源部门可以通过云平台实现薪酬管理系统的部署和运行，无须依赖于庞大的内部服务器和 IT 基础设施。大数据分析技术可以帮助人力资源部门从庞大的员工数据中提取有价值的信息，为薪酬决策和分析提供科学依据。人工智能技术则可以通过智能算法和模型，对员工的绩效和贡献进行评估和预测，为薪酬激励提供个性化和精准化的方案。

（2）员工需求的变化。随着时代的变迁，员工对薪酬激励的需求也在发生变化。传统的薪酬激励模式往往采用统一的薪酬结构和标准，无法满足员工个性化的需求；而数字化人力资源薪酬激励的兴起，为员工提供了更多个性化的激励机制和选择。员工希望薪酬能够与自身的绩效、能力和贡献相匹配，更加公平和透明。数字化人力资源薪酬激励的发展正是顺应了这一趋势，通过个性化激励和智能化决策，提供了更多符合员工需求的薪酬方案。

（3）组织效能的提升。数字化人力资源薪酬激励的发展也是为了提升组织的效能和竞争力。薪酬作为激励手段的重要组成部分，直接影响到员工的工作动力和绩效表现。传统的薪酬激励模式往往缺乏灵活性和反馈机制，难以激发员工的潜能和创造力；而数字化人力资源薪酬激励的发展，能够更好地与组织目标和战略相匹配，为组织提供更灵活、精确的薪酬管理方式。企业通过对数字化手段的运用，可以更好地激发员工的积极性和创造力，提高员工的工作满意度和组织的绩效。

（4）法律和监管环境的演变。数字化人力资源薪酬激励的发展也受到法律和监管环境的演变的影响。随着劳动法律法规的不断完善和变化，企业对薪酬管理的要求也越来越严格。数字化人力资源薪酬激励可以提供更加透明和公平的薪酬决策和管理方式，使得组织能够更好地遵守法律法规的要求，并能够及时应对监管机构的审查和调查。数字化手段的应用还能够帮助组织进行薪酬数据的备份和安全保护，以保护员工隐私和数据安全。

7.2　数字化技术对薪酬激励的影响

7.2.1　数字化薪酬管理系统的应用

（1）自动化薪酬计算和发放。传统的薪酬计算和发放往往依赖于烦琐的手工操作，容易出现错误和延误；而数字化薪酬管理系统能够通过自动化的方式，根据设定的薪酬规则和公式，快速、准确地计算出员工的薪酬。系统可以自动获取员工的绩效数据、考勤数据、加班数据等，进行计算并生成工资条或薪酬报表。同时，系统还能够实现薪酬的自动发放，将工资直接转入员工的银行账户，从而提高了工资发放的效率和准确性。

（2）数据化员工绩效评估和薪酬分析。数字化薪酬管理系统能够集成员工绩效评估的数据，通过对员工的工作绩效、贡献和能力等方面进行量化评估，并将评估结果与薪酬激励相结合。系统可以记录和分析员工的绩效数据，提供直观的图表和报表，帮助管理者了解员工的绩效情况和薪酬分布情况。同时，系统还能够根据员工的绩效水平，自动生成相应的薪酬调整方案，实现薪酬的差异化激励。

（3）员工自主管理和透明度提升。数字化薪酬管理系统为员工提供了自主管理薪酬的渠道和工具。员工可以通过系统查询和了解自己的薪酬信息、绩效评估结果以及薪酬调整方案。系统还可以提供薪酬模拟功能，让员工在不同条件下模拟计算自己的薪酬，从而增加了薪酬的透明度和可预测性。同时，系统还可以提供员工对薪酬数据的反馈和意见，促进员工参与薪酬管理的决策和讨论。

（4）安全性和隐私保护。数字化薪酬管理系统在应用过程中需要涉及大量的员工个人数据和薪酬信息，因此系统的安全性和隐私保护至关重要。系统需要采取严格的安全措施，以确保数据的保密性、完整性和可靠性。例如，系统可以采用加密技术对数据进行加密存储和传输，设置权限管理机制，限制不同用户对数据的访问权限，防止数据泄露和滥用。

7.2.2　数据分析和预测在薪酬激励中的作用

（1）绩效评估和奖励优化。数据分析和预测可以帮助组织进行绩效评估和奖励优化，通过对员工的工作表现和绩效数据进行分析，可以发现员工的优点和不足。基于数据分析的结果，管理者可以制定相应的奖励措施，如绩效奖金、提升机会、培训计划等，以激励员工持续改进和提高工作表现。此外，数据分析还可以帮助组织确定合理的绩效指标和绩效评估方法，从而提高绩效评估的准确性和公正性。

（2）市场薪酬分析和调整。数据分析可以帮助组织进行市场薪酬分析和调整，以确保薪酬激励与市场竞争力保持一致。通过收集和分析市场薪酬数据，可以了解行业内各职位的薪酬水平和变化趋势。基于数据分析的结果，组织可以进行薪酬调研和比较，制定合理的薪酬策略和薪酬结构，以吸引和留住优秀的人才。同时，数据分析还可以帮助组织预测未来的薪酬趋势，从而及时调整薪酬策略，保持与市场的竞争力。

（3）个性化薪酬管理和激励方案。数据分析和预测可以支持个性化薪酬管理和激励方案的制定。通过分析员工的绩效数据、能力数据和职业发展需求等，组织可以对不同员工制定个性化的薪酬方案。基于数据分析的结果，组织可以确定员工的薪酬增长路径和晋升途径，以满足员工的个人发展需求。此外，数据分析还可以帮助组织发现员工的潜在激励需求和偏好，从而制定相应的激励措施，提高员工的工作动力和满意度。

（4）风险预警和调整策略。数据分析和预测还可以用于风险预警和调整策略。通过分析员工的流失数据、离职原因等，组织可以识别潜在的人才流失风险，从而采取相应的措施进行干预。数据分析还可以帮助组织识别薪酬差距较大的员工群体，从而及时调整激励策略，防止人才的流失。此外，数据分析还可以帮助组织发现激励方案的不足和缺陷，从而及时调整并改进激励策略，提高激励效果。

7.2.3　智能化薪酬决策的实践与探索

（1）数据驱动的薪酬决策。智能化薪酬决策的核心是数据驱动。企业通过收集、整理和分析大量的员工数据，如绩效数据、薪酬数据、员工调研数据等，建立起全面的数据基础。利用人工智能技术，可以从海量的数据中挖掘出有价值的信息，帮助管理者进行薪酬决策。例如，通过数据分析可以发现绩效优秀的员工群体，从而制订相应的奖励方案；通过数据模型可以预测员工的薪酬需求，从而为个性化激励提供依据。数据驱动的薪酬决策可以提高决策的准确性和科学性，从而更好地满足员工的需求。

（2）个性化薪酬方案的实施。智能化薪酬决策还可以实现个性化薪酬方案的实施。通过分析员工的绩效数据、能力数据、职业发展需求等，系统可以为每个员工制订个性化的薪酬方案。基于人工智能技术，系统可以根据员工的个人特征和表现自动调整薪酬结构与激励方式。例如，对于高绩效员工，可以给予更高的薪酬增长空间和奖励；对于潜力员工，可以提供更多的培训机会和晋升机会。个性化薪酬方案的实施能够更好地满足员工的个人发展需求，提高员工的工作动力和满意度。

（3）预测性薪酬管理和激励策略。智能化薪酬决策还可以实现预测性薪酬管理和激励策略。通过运用数据分析和机器学习技术，系统可以预测员工未来的表现和发展趋势，为薪酬决策提供参考。例如，系统可以根据员工的历史绩效数据和职业发展轨迹预测员工未来的绩效水平和晋升潜力，从而制订相应的薪酬增长方案和激励策略。预测性薪酬管理和激励策略可以帮助组织提前做出相应的调整，从而更好地激励并留住高潜力员工。

（4）自动化薪酬计算和发放。智能化薪酬决策还可以实现薪酬计算和发放的自动化。通过建立智能化薪酬管理系统，系统可以自动根据员工的绩效数据、薪酬政策和法律法规进行薪酬计算及发放。系统可以自动识别并计算各种薪酬组成部分，如基本工资、绩效奖金、福利待遇等，并生成相应的薪酬单据。自动化薪酬计算和发放可以提高工作效率，减少人为错误和延误，从而提升员工的满意度和信任度。

7.3　数字化人力资源薪酬激励变革对组织的影响

7.3.1　提升效率与减少人为错误

（1）自动化薪酬计算和发放。数字化薪酬管理系统可以自动进行薪酬计算和发放，减少了手动计算和处理薪酬的时间及工作量。系统可以根据设定的薪酬规则和政策自动计算员工的薪酬,包括基本工资、绩效奖金、津贴等。同时,系统也能够生成相应的薪酬单据和报表,提供给员工和相关部门使用。自动化的薪酬计算和发放大大提高了员工的工作效率,减少了人为错误的发生。

(2)数据集成和共享。数字化薪酬管理系统可以集成并共享各种相关数据,如员工信息、薪酬数据、绩效数据等。通过系统的统一管理和集成,可以避免数据的重复输入和不一致性,从而减少了人为错误的可能性。同时,各个部门和相关人员可以在系统中共享数据,以提高沟通和协作的效率。例如,人力资源部门可以直接获取员工的薪酬数据和绩效数据,无须手动收集和整理,从而节省了时间和劳动成本。

(3)自助式服务和员工参与。数字化薪酬管理系统可以提供自助式的服务和员工参与机制,使员工能够自主查询和管理相关信息。员工可以通过系统查看自己的薪酬明细、绩效评估结果等,而无须通过人力资源部门的介入。这种自助式的服务不仅提高了工作效率,减少了人为错误,还增强了员工对薪酬管理的参与度和满意度。员工可以更加及时地了解自己的薪酬情况,提出问题和建议,并与管理者进行交流和反馈。

(4)自动化报表和分析。数字化薪酬管理系统可以自动生成各种薪酬报表和分析结果,提供给管理者和决策者使用。系统可以根据设定的指标和需求自动计算并生成报表,如薪酬结构分析、薪酬差异分析、薪酬与绩效的关联性分析等。这些报表和分析结果可以帮助管理者及时了解薪酬情况,发现问题和趋势,做出相应的调整和决策。自动化的报表和分析减少了人为的烦琐工作,从而提高了效率和决策的准确性。

7.3.2 增强组织灵活性与创新能力

(1)弹性薪酬体系的建立。数字化人力资源薪酬激励可以帮助组织建立弹性薪酬体系,以应对不断变化的市场环境和业务需求。传统的固定薪酬体系往往无法适应快速变化的情况,而弹性薪酬体系可以根据业务表现和市场情况进行灵活调整。数字化薪酬管理系统可以通过数据分析和预测,实时监测业务绩效和市场趋势,帮助组织制定相应的薪酬策略并调整方案。这种灵活的薪酬体系可以激励员工创新和主动适应变化,从而增强组织的灵活性和竞争力。

(2)激励员工创新及高绩效。数字化人力资源薪酬激励可以通过个性化和差异化的激励措施，激励员工创新及高绩效。传统的"一刀切"的薪酬制度往往难以准确评估和激励员工的创新和高绩效表现；而数字化薪酬管理系统可以通过数据分析和评估模型准确评估员工的创新能力和贡献度，并给予相应的激励回报。这种个性化的激励措施可以提高员工的工作动力和满意度，激发其创新能力和创造力，从而增强组织的创新能力。

（3）引入新的激励方式和福利待遇。数字化人力资源薪酬激励可以帮助组织引入新的激励方式和福利待遇，以激发员工的创新能力和创造力。传统的薪酬激励往往以金钱为主，而数字化薪酬激励可以更加灵活地引入其他形式的激励，如股权激励、项目奖励、创新基金等。这些新的激励方式可以激发员工的积极性和创新思维，增强组织的创新能力和竞争力。同时，数字化薪酬管理系统也可以提供全面的福利待遇管理，包括弹性工作制度、员工关怀计划、培训发展机会等，以提升员工的工作满意度和福利。

（4）促进跨部门协作和知识共享。数字化人力资源薪酬激励可以促进跨部门协作和知识共享，从而增强组织的创新能力。通过数字化薪酬管理系统，不同部门和团队可以共享员工的绩效数据、项目成果等信息，促进跨部门的协作和合作。这种知识共享和协作的机制可以促进创新的发生和传播，激发员工的跨部门合作意识和创新思维。同时，数字化薪酬管理系统也可以为跨部门项目提供相应的激励与奖励机制，鼓励团队合作和知识共享。

7.3.3 优化人力资源决策与战略支持

（1）数据驱动的决策。数字化人力资源薪酬激励通过数据分析和预测能力，提供了更准确、客观的数据支持，以帮助决策者做出更明智的人力资源决策。薪酬数据、绩效评估结果、员工调查反馈等信息可以被数字化薪酬管理系统收集、整合和分析，从而为决策者提供全面的数据视角。这些数据驱动的决策可以更好地了解员工的需求和行为，优化薪酬制度、激励策略和福利待遇，从而提高员工满意度和工作动力。

（2）个性化的战略支持。数字化人力资源薪酬激励可以提供个性化的战略支持，根据不同员工的特点和需求制定相应的薪酬激励策略。通过数字化薪酬管理系统，决策者可以对员工进行细化和分类，了解其绩效水平、职业发展轨迹、个人偏好等信息。基于这些信息，系统可以制订个性化的薪酬激励方案，包括个别激励计划、培训和发展计划等，以满足员工的个性化需求，从而提高员工的工作动力和忠诚度。

（3）预测性分析和规划。数字化人力资源薪酬激励通过数据分析和预测能力，支持人力资源的预测性分析和规划。数字化薪酬管理系统可以根据历史数据和趋势预测员工的未来绩效表现、晋升潜力等信息。这些预测性分析可以帮助决策者制订相应的人力资源规划和发展计划，包括人才储备、晋升路径、绩效评估标准等。预测性分析和规划可以提前做出相应的决策，从而为组织的长远发展提供战略支持。

（4）监控绩效和激励效果。数字化人力资源薪酬激励可以实时监控绩效和激励效果，帮助决策者了解薪酬激励措施的实施情况。通过数字化薪酬管理系统，可以对绩效评估结果和激励方案的实施情况进行监控和评估。这种实时监控可以使组织及时发现问题并调整策略，从而确保薪酬激励的有效性和公平性。同时，数字化薪酬管理系统还可以为决策者提供绩效报告和激励效果分析，以帮助他们评估并改进激励策略，优化人力资源决策。

7.4　数字化人力资源薪酬激励变革对员工的影响

7.4.1　个性化激励与员工满意度

（1）理解员工需求与偏好。个性化激励的核心是要理解员工的需求和偏好。每个员工都有自己独特的动机驱动和价值观，因此单一的激励方式无法满足所有员工的期望。通过数字化薪酬管理系统，组织可以收集员工的反馈数据和偏好数据，了解他们对薪酬激励的期望和偏好。例如，有些员工可能更看重薪酬的经济回报，而有些员工更注重培训机会和发展机会。基于这些数据，组织可以制订个性化的激励方案，以满足不同员工的需求，提高员工的满意度。

（2）提供差异化的激励措施。个性化激励意味着提供差异化的激励措施，根据员工的不同特点和表现制订相应的激励方案。数字化薪酬管理系统可以提供更多元化的激励方式，如绩效奖金、晋升机会以及灵活的工作安排、培训和发展计划等。根据员工的绩效水平、个人目标和发展需求，个性化的激励措施可以更好地激发员工的积极性和工作动力，从而提高他们的满意度和参与度。

（3）强调公平和公正。个性化激励并不意味着不公平或不公正；相反，数字化人力资源薪酬激励可以确保个性化激励的公平性和公正性。通过数字化薪酬管理系统，决策者可以基于数据和标准进行激励决策，避免主观偏见和不公平现象。透明的绩效评估体系和激励标准可以让员工清楚地了解自己的表现情况和奖励依据，从而减少不公平感和摩擦。个性化激励需要建立在公平和公正的基础上，才能真正提高员工的满意度和参与度。

（4）提升员工参与度和归属感。个性化激励可以提升员工的参与度和归属感，从而增强员工满意度。当员工感到自己的需求得到重视和满足时，他们会更加投入工作，表现出更高的工作动力和积极性。数字化薪酬管理系统可以与员工进行互动和沟通，让他们参与制订个人激励方案，增强员工的参与度和自主性。此外，个性化激励也可以帮助员工建立与组织的紧密联系，以提高员工的归属感和忠诚度。

7.4.2　职业发展与培训机会

（1）个性化职业发展规划。数字化人力资源薪酬激励可以为员工提供个性化的职业发展规划。通过数字化薪酬管理系统收集和分析员工的绩效数据、培训记录和发展意愿等信息，组织可以了解员工的潜力和发展方向，制订相应的职业发展计划。个性化职业发展规划可以帮助员工明确职业目标、发展路径和所需技能，提供有针对性的培训机会和发展机会，以激励员工持续学习和成长。

（2）提供多样化的培训机会。数字化人力资源薪酬激励可以提供多样化的培训机会，以帮助员工提升技能和知识，支持他们的职业发展。通过数字化薪酬管理系统，组织可以进行培训需求分析，了解员工的培训需求和优先级，以制订培训计划。多样化的培训形式包括内部培训、外部培训、在线培训等，以满足员工不同学习风格和时间安排的需求。通过提供多样化的培训机会，组织可以激发员工的学习热情，从而提升其职业能力和竞争力。

（3）职业发展评估与晋升机会。数字化人力资源薪酬激励可以建立绩效评估与晋升体系，为员工提供公正的职业发展评估与晋升机会。通过数字化薪酬管理系统，组织可以收集员工的绩效数据和成就记录，定期评估员工的职业发展表现。这种基于数据的评估可以帮助决策者客观地判断员工的发展潜力和晋升机会，并制订相应的晋升计划。公正的职业发展评估和晋升机会可以激励员工不断努力和进步，从而提高员工的满意度和忠诚度。

（4）提供导师和辅导支持。数字化人力资源薪酬激励可以通过数字化平台提供导师和辅导支持，帮助员工在职业发展中获得指导和支持。通过数字化薪酬管理系统，组织可以建立导师与员工的匹配机制，促进知识传承和职业成长。导师可以通过在线平台与员工进行交流并为其提供辅导，分享经验并提出建议。这种导师和辅导支持可以提供实时的职业发展指导，从而帮助员工更好地规划和实现个人职业目标。

7.4.3　工作生活平衡与员工福利

（1）弹性工作安排。通过数字化薪酬管理系统，组织可以提供弹性工作安排，以支持员工实现工作生活平衡。弹性工作安排可以包括弹性工作时间、远程工作和灵活的休假安排等。员工可以根据自己的个人需求和家庭情况调整工作时间和地点，以更好地平衡工作和生活。数字化平台可以帮助员工在线提交请假申请、调整工作时间，并确保管理层和团队成员之间的有效沟通和协作。

（2）健康管理与福利计划。数字化人力资源薪酬激励可以提供健康管理建议和福利计划，关注员工的身心健康。通过数字化薪酬管理系统，组织可以收集员工的健康数据、健康需求和兴趣爱好，为员工提供个性化的健康管理建议和福利计划。例如，可以提供健康保险、健身补贴、员工福利商城等福利措施，以提升员工的福利感和工作满意度。数字化平台还可以提供健康管理和福利计划的信息与资源，以帮助员工更好地管理和改善自身的健康状况。

（3）心理健康支持。数字化人力资源薪酬激励可以提供心理健康支持，以关注员工的心理福祉。通过数字化薪酬管理系统，组织可以提供心理咨询服务、心理健康培训和资源，帮助员工应对工作压力和心理挑战。数字化平台可以提供在线咨询和心理健康工具，从而让员工随时随地获取支持和帮助。这种心理健康支持可以提高员工的情绪稳定性，增强幸福感，从而促进工作生活平衡。

（4）社交活动与团队建设。数字化人力资源薪酬激励可以通过组织社交活动和团队建设活动促进员工之间的交流和合作，以增强工作生活平衡。组织通过数字化薪酬管理系统可以组织在线或线下的社交活动，如团队旅游、员工聚餐、庆祝活动等。这些活动可以增进员工之间的互动和了解，营造积极的工作氛围和团队合作精神。

7.5 数字化人力资源薪酬激励变革的挑战与应对策略

7.5.1 数据隐私和安全保障

（1）数据隐私保护。数字化薪酬管理系统涉及大量员工的个人信息和薪酬数据。为了保护员工的隐私权，组织需要采取适当的措施来保护这些数据的安全性和保密性，包括制定严格的数据隐私政策和操作准则，以确保数据的合法收集、使用和存储等。组织应加密敏感数据、限制数据访问权限，并建立监控机制以检测和防止数据泄露事件。此外，组织还应定期对数据隐私保护措施进行评估和改进，以确保其符合相关法规和标准。

（2）安全技术和控制。数字化薪酬管理系统需要采用安全技术和控制措施，以确保数据的安全性，包括网络安全防护、身份验证和访问控制、数据备份和恢复等。组织应使用安全的网络架构和防火墙来保护系统免受网络攻击和恶意软件的侵害。身份验证和访问控制机制可以确保只有授权人员才能访问敏感数据。同时，定期的数据备份和恢复计划可以防止数据丢失和提供灾难恢复。

（3）合规性和法律要求。数字化人力资源薪酬激励系统必须符合适用的法律法规要求，特别是与数据隐私和安全相关的法律法规。组织需要遵守数据保护法规，如欧盟的《通用数据保护条例》（GDPR）以及其他国家和地区的数据保护法律。此外，组织还应制定内部政策和程序，以确保员工数据的合法使用和保护，并与相关监管机构进行合作和配合。

（4）员工教育和意识提升。组织应该开展员工教育和意识提升活动，加强对数据隐私和安全的重要性的理解。员工应通过相关教育和培训，了解数据隐私政策、安全措施和最佳实践。他们需要了解如何处理和保护敏感数据、识别和报告安全威胁，并遵守组织的安全政策和规定。这种员工教育和意识提升可以帮助组织建立一个具有安全意识的文化氛围，降低数据泄露和安全漏洞的风险。

7.5.2 技术应用与人性关怀的平衡

（1）技术应用的优势。技术应用在数字化人力资源薪酬激励中具有许多优势。数字化平台可以提供高效、准确和可靠的薪酬管理功能，使人力资源部门能够更快速地处理薪酬数据、生成报表和分析结果。自动化和智能化的功能可以减少人工操作和错误的发生。此外，数据分析和预测功能可以帮助组织更好地了解员工的绩效和需求，从而提供个性化的激励方案。

（2）人性关怀的重要性。尽管技术应用具有许多优势，但在数字化人力资源薪酬激励中也需要注重人性关怀。员工是组织最宝贵的资源，他们需要被关注、尊重和关爱。在数字化过程中，组织应确保员工有较好的体验感和较强的参与感，避免将员工简单地看作数据的处理对象。人性关怀包括关注员工的需求和期望、提供个性化的激励方案、尊重员工的隐私和权益以及提供良好的沟通与反馈机制。

（3）技术与人性的融合。为了实现技术应用和人性关怀的平衡，组织可以将技术与人性进行融合。数字化平台应该被设计成用户友好、易于操作和个性化定制的。组织可以通过调研和调查了解员工的需求和期望，根据其反馈和建议改进数字化系统的功能和用户体验。此外，组织应该建立相应的渠道和机制，让员工能够提供反馈和意见，并及时响应和解决问题。

（4）建立人际关系和沟通渠道。尽管数字化平台提供了许多便利和效率，但组织仍需重视建立良好的人际关系和沟通渠道。人与人之间的交流和合作是组织成功的关键。组织应该鼓励员工之间的互动和合作，提供团队活动和社交机会，以增强员工之间的联系，提高其认同感。此外，定期的沟通和反馈会议以及经理和员工之间的个别会议可以建立良好的沟通氛围，让员工感受到组织的关心和支持。

7.5.3 组织文化和变革管理

（1）组织文化的重要性。组织文化是指组织内部共享的价值观、信念、行为规范和工作方式。在数字化人力资源薪酬激励的实施过程中，组织文化对于推动变革和确保系统成功运行至关重要。组织应该创造积极的文化氛围，鼓励员工创新、合作和学习，以支持数字化转型。同时，组织文化应与数字化薪酬激励的目标和价值相一致，以促进员工接受和参与。

（2）变革管理的关键要素。变革管理是指在组织中引入和实施变革的过程。在数字化人力资源薪酬激励的实施中，变革管理至关重要，其关键要素包括：①意识和理解。组织需要在开始变革前确保员工对变革的意义、目标有一个清晰的认识和理解，这可以通过沟通、培训和教育来实现。②变革的愿景和目标。组织应该明确定义数字化人力资源薪酬激励的愿景和目标，让员工明白变革的方向和期望结果。③领导力的角色。领导者在变革管理中扮演着关键的角色，他们应该提供支持、指导和鼓励，激发员工的积极性和参与度。④有效的沟通。沟通是变革管理的核心，组织应该建立多种沟通渠道，确保及时、准确地传达变革信息，并倾听员工的反馈和意见。⑤培训和支持。为了确保数字化薪酬激励系统的成功实施和员工的快速适应，组织应提供必要的培训和支持，以帮助员工掌握新的工具和技能。

（3）文化塑造和变革管理的结合。组织文化和变革管理是相互关联的。在数字化人力资源薪酬激励的实施中，组织需要在塑造积极的文化的同时进行有效的变革管理。文化塑造可以通过领导力的示范、价值观的明确和奖励机制的设计来实现。变革管理则需要注重沟通、参与和支持，以确保员工能够顺利适应并接受数字化变革。

7.6　本章小结

数字化人力资源薪酬激励作为一种新兴的管理方式，为组织的人力资源管理和薪酬激励策略带来了许多机遇和挑战。通过对数字化人力资源薪酬激励的研究，我们可以得出以下结论：

其一，数字化人力资源薪酬激励的发展是由信息技术和数字化转型的推动所驱动的。随着技术的不断进步和组织对数字化转型的需求，数字化人力资源薪酬激励成为提高效率、减少错误、增强个性化和优化决策的重要工具。

其二，数字化人力资源薪酬激励的特点在于数据驱动、个性化激励和智能化决策。通过数据分析和预测技术，组织能够更好地了解员工的绩效情况和个人需求，从而制订个性化的激励方案。智能化技术的应用可以提高薪酬管理的效率和准确性。

其三，数字化人力资源薪酬激励的实施可以带来许多好处，如提升效率、增强组织灵活性、优化决策和提高员工满意度。通过数字化平台的应用，组织能够更加准确、公平地进行薪酬分配，同时提供个性化的激励方案，从而满足员工的需求和动机。

其四，数字化人力资源薪酬激励也面临一些挑战，其中包括数据隐私和安全保障的问题，以及技术应用与人性关怀的平衡。组织需要关注员工的数据隐私权益，并采取措施保护数据的安全。同时，组织还应该在技术应用中注重人性关怀，建立良好的沟通与反馈机制，让员工感受到被关心和支持。

综上所述，数字化人力资源薪酬激励是一项充满潜力的管理方式。它能够提高组织的效率和灵活性，以及员工的满意度和工作动力。然而，数字化人力资源薪酬激励的实施需要综合考虑数据隐私和安全保障、技术应用与人性关怀的平衡等因素。未来的研究应该继续关注数字化人力资源薪酬激励的发展趋势和最佳实践，以帮助组织实现更好的人力资源管理和薪酬激励效果。

8 数字化人力资源管理中核心员工知识共享激励研究

8.1 知识共享内涵

知识被视作一种创造和维持企业竞争优势的组织资本。由于组织知识通常分布于个体中，知识共享作为互换和整合个体知识的一种有效手段而得到广泛重视。Ipe（2003）提出，知识共享是个体知识被转化为可以让他人理解、吸收和利用的过程，其本质是为组织内的其他成员提供知识。Van Den Hooff 等（2012）将知识共享视作知识从发送者到接收者的社会扩散过程，该过程是在知识拥有者的社会互动中实现的。基于此，本章的研究认为，知识密集型组织知识共享是组织成员相互交换个体知识，通过交流与合作过程整合为组织知识的过程。

人类的知识分为显性知识和隐性知识：显性知识是指能够用各种明言符号加以表述的知识；隐性知识是指我们知道但难以言传的知识，本质上是一种理解力，即领会经验、重组经验的能力。

8.2 知识密集型组织知识共享的重要性

知识已成为 21 世纪组织竞争的主要武器和战略资源，可以提高组织创新能力，是组织生存和发展的核心动力。组织内部知识共享可以打破不同知识拥有者之间的壁垒，降低员工获取知识和组织运营成本，是知识管理中最重要的环节。学术界高度重视知识共享，重点研究了不同组织驱动知识共享的实践，却忽略了对知识密集型组织的重点关注。

与其他组织相比，在知识密集型组织中，知识共享更为关键。首先，知识密集型组织将知识作为一种关键性输入要素，并将创新知识作为关键性输出，营造宽松自由的知识共享氛围，能更好地培育团队精神和创新文化。其次，知识密集型组织的业务多以项目为导向，组织的核心竞争力在于项目过程中需要的知识及其有效复用。最后，知识密集型组织通常聚焦在一个或多个领域，立足于整个领域或行业的发展，在专业上具备前瞻性，其发展瓶颈和突破点在于有效利用专家资源并将其掌握的隐性知识显性化后有效推广，让专家的个人知识成为组织知识。

8.3 知识密集型组织知识共享的困难性

知识共享对知识密集型组织的效益产出至关重要，但相较于其他组织，知识密集型组织中的知识共享更为困难。一是在知识密集型组织中，智力资本丰富，其无形资本的价值远超有形资产，员工积累了大量的经验、方法、最佳实践与案例等隐性知识。相较于显性知识，隐性知识更难表达、捕获、存储和重用。隐性知识的黏性阻碍了知识的获取与共享，限制了知识被所有者表达和被接收者吸收。二是在知识密集型组织中，知识是个人最核心的资源和竞争优势，员工对知识、专业技术的忠诚度和依赖性明显地高于对组织的忠诚度和依赖性。三是由于知识密集型组织是领域、行业专家聚集地，员工拥有某个或多个领域的专业知识、通过分享知识赢得他人尊重的需求低，知识一旦共享，会让人失去很大的动力去创造新的知识，从而丧失个人价值。总之，在以知识为核心资源的知识密集型组织中，员工通常更担忧知识的分享会使他们成为可有可无的人，保留（而不是共享）知识可能会带来更大的个人利益。尤其是新冠疫情让相当数量的知识密集型组织加快了数字化转型建设，催生了远程办公和线上会议等工作模式的兴起，这也加剧了组织知识共享的难度。

8.4 知识密集型组织知识共享的影响因素

本章通过同时将组织–个人影响、个人影响和人际影响视为外生影响，对组织承诺形成、同事间信任和隐性知识共享的概念模型（见图 8.1）提供了理论依据。通过这种方式，管理层能够学习如何从更广阔的视野而不是几个狭窄的焦点精确地鼓励隐性知识共享。此外，除了从社会角度建立的隐性知识共享外，社交网络（如工具关系、表达关系等）也深深植根于社会理论。

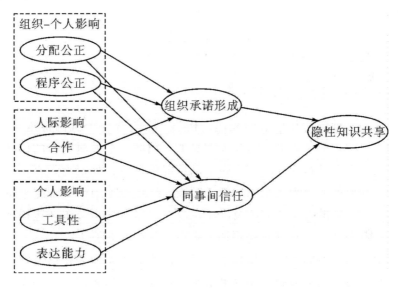

图 8.1　概念模型

8.4.1　组织承诺

员工对特定组织的认同和参与的强度被视为组织承诺，其特征还在于对组成组织的同事的积极回应。组织承诺的观点经常强调该概念是对整个组织的情感反应，而不是对任何特定环境的情感反应。基于组织理论，组织承诺在许多研究中被报道为解释知识共享的重要变量。组织承诺与个人愿意为工作场所付出额外努力的意愿正相关，因此预计其与个人愿意分享和接受知识的意愿正相关。O'Reilly 和 Chatman（1986）以及 Van den Hooff

和 Van Weenen（2004）也支持这一观点，即个人知识共享行为的性质和模式受到个人对其直接组织承诺的影响。

对组织有情感依恋感的个人，只要意识到他们在这样的环境中分享知识会受到赞赏，并且他们的知识将被实际使用并最终对他们的组织有益，他们就可能会分享他们的知识。鉴于对组织有强烈承诺的个人可能非常重视自身的组织成员身份以及他们与其他成员的关系，个人的组织承诺可能会促进他们与其他成员分享隐性知识的意愿，从长远来看，这可能会使他们的组织更受益。例如，据报道，组织承诺与具有各种支持精神（如隐性知识共享等）的销售人员环境密切相关，包括针对同事的支持精神，表明组织承诺可能显著与他人共享隐性知识有关，这反映了至关重要的支持环境。Jarvenpaa 和 Staples（2001）的研究进一步支持了这一观点，即强烈的组织承诺会产生一种信念：组织有权获得一个人创造或获得的信息和知识，即组织承诺与隐性知识共享正相关。

8.4.2 同事信任和知识共享

信任是一种信念和信心的表达，相信一个人或一个机构将是公平的、可靠的、有道德的、有能力的和无偏见的。因此，个人对同事的信任源于他们对与其有互动行为的同事之间互动情况的评价，如对方是否正直、可靠，能力如何等。组织关系中的信任领域在组织理论中得到了越来越多的发展。这一领域的大量研究涉及信任在组织间和组织间合作（包括知识共享）中的促进作用。信任也被强调为知识共享的先决条件。

当个人认为他们的同事具有这种值得信赖的品质，并相信当他们与他人分享知识时，同事会做同样的事情来回报他们，那么信任就存在了。鉴于分享隐性知识是与他人分享权力的一种形式，个人与同事分享隐性知识需要信任，因为信任可以减少感知到的不确定性，促进冒险行为，并培养建设性的导向，从而增强了他们与同事分享隐性知识的意愿。因此，据报道，培养员工的组织承诺、信任和积极性是与知识型员工管理相关的关键问题之一，因为员工具有强烈的组织承诺和高水平的对同事的信任可能会为其提供额外的自由裁量权，并且通常愿意在组织内分享他们的隐性知识。正如 Van den Hooff 和 Van Weenen（2004）所论证的，对组织更忠诚、对同事更信任的个人更有可能分享他们的知识。

8.4.3 公正对待组织承诺和对同事的信任

公正是伦理领域的一个重要问题，因为公正在很大程度上基于交换关系中发生的伦理观念，并强调一个人对他人所负义务的看法。组织中的公正是员工在工作场所的行为或态度的一个有影响力的前提，特别是员工对组织的承诺和对其他组织成员的信任。

基于公平理论，研究者在研究组织公平时区分了分配公平和程序公平。分配公平反映了员工所获得结果的公平感，而程序公平则关注用于确定这些结果的程序的公平感。研究发现，分配公平可以预测组织承诺。具体来说，在低感知程序公平的条件下，不同程度的感知分配公平对组织承诺的影响要大于它们在高感知程序公平条件下的影响。薪酬水平、薪酬规则和分配任务（分配公平的形式）与组织承诺呈正相关。同时，组织公平理论提供了一个框架，通过它可以探索和理解员工对他人的信任或不信任感。具体来说，分配公平经过实证检验也与信任有关。由于对分配公平的看法是基于与其他人的总体比较，因此信任感可能会受到他人相对待遇和个人组织内更普遍机会的影响。据报道，当组织结果的分配被认为是公平的时，可能会产生更高水平的信任。未能实践分配公平可能会使个人对结果的要求与其同事的所得相比后被认为不公平，从而导致其产生愤怒情绪并可能对同事产生不信任感。

与程序公平和组织承诺之间关系相关的理论依据源于基于公平的研究领域。尽管分配公平和程序公平都与组织承诺有关，但组织承诺更多地受到程序公平的影响，而不是分配公平，尤其是在集体主义社会中。Quarles（1994）分析发现，管理层对晋升机会的满意度（一种分配公平）与组织承诺直接相关，而员工对所用评估标准的满意度（一种程序公平）与组织承诺直接相关。

信任评估不仅取决于对分配和结果公平性的看法，还取决于用于做出此类决定的程序。例如，认为自己的主管对同事有偏见的个人可能会因为不公平的待遇而降低对同事的信任。信任评估不仅取决于对结果公平性的看法，还取决于用于做出此类决定的程序。例如，如果个人认为管理层以公平的方式进行了评估，他们可能会对同事的信任给予积极评价。换句话说，真正公平的程序和过程可能会减少员工个人的负面情绪。因为当员工认为程序是公平的时，负面情绪值就会降到最低，从而大大减少在该组织中愤世嫉俗的可能性，程序公平对同事的信任有积极影响。

8.4.4　合作对组织承诺和对同事的信任

除了公平之外，合作还意味着一些潜在的道德规范。根据社会认同理论，当员工认为组织反映了积极的规范和道德价值观时，他们将强烈支持自己的组织，正如组织行使权力的方式所证明的那样。这个想法反映了一个普遍的观点，即员工在认同组织时会与组织中的其他人合作。

员工是隐性知识共享组织演变的关键因素，因为他们是知识的提供者和使用者。员工的合作性可以被视为一种人格特质，它决定了个人对组织的承诺和对同事的信任的倾向。也就是说，表现出合作意愿的个人可能会互相帮助并理解彼此的观点，这有助于增强他们对他人的信任。因此，有合作意愿的个人倾向于强烈依赖他们的劳动组织，这表明个人的合作性和他们的组织承诺之间存在实质性联系。合作倾向低的人优先考虑自己的福利最大化，而不考虑他人的福利，而合作倾向高的人优先考虑与同事或他们的组织交往以实现互惠互利，获得社会认可，与同事紧密合作以实现共同目标。从相互合作的角度来看，这会促进个人对组织的强烈承诺和对同事的信任。

8.4.5　社交网络关系和对同事的信任

虽然此处主要关注个人层面，但以往的研究表明，个人与同事的社交网络关系也是其道德推理形成过程中的一个重要变量。因此，这种逻辑产生了关于社交网络关系对信任影响的理由，信任代表对同事道德信念的表达。

首先，社会网络理论对组织行为很重要，因为组织嵌入在复杂的社会关系网络中。具体而言，社交网络理论将关系强度定义为情感强度、时间长短、亲密程度和表征关系的互惠服务的组合。社会网络关系最初源于社会网络理论，被认为是其他人之间关系的过程和结构，它可以促进或抑制对资源的访问以实现互惠互利。社交网络工作关系的一个关键代表是人际关系封闭——个人活动与其同事的活动交织在一起的程度。当个人非常熟悉他们的同事并且知道他们什么时候可以寻求支持时，高水平的封闭是显而易见的。在个人与同事相识后形成的社会网络关系中，人们通过提供相互支持、信息交流、建立共同期望等方式来促进知识共享。

其次，尽管在之前的研究中没有进行实证检验，但人际关系（社交网络关系的一种形式）和知识共享之间的信任调解已被证明是显而易见的，这表明社交网络关系对知识共享至关重要。例如，在"强网络关系"组织中，成员倾向于传授知识，因为他们形成了一个支持个人的社交网络，这些个人在工作中不怕寻求帮助或分享知识。人们已经注意到，将人际关系和知识共享联系起来的神奇因素是信任。

社会网络理论将社会网络关系区分为工具性关系和表达性关系。个人的工具性关系出现在工作表现中，并将物质、信息或财务资源转移给他们的团队成员，而表达性关系则代表提供友谊和社会支持。员工之间的大多数社交网络联系都具有工具性特征和表达性特征。社会认同理论解释了为什么工作伙伴关系（如工具关系）和友谊（如表达关系）对个人很重要，以及为什么有些人对这种社会关系的重视程度与其他人不同。例如，一个在特定团队中得到很好认同的员工可能希望与从事同一团队项目的团队成员保持密切联系（一种工具性关系），从而使其强烈信任同事。这种通过社会身份建立的工具性关系通常会导致同质性，因为一个人更有可能信任具有相似使命、属性、价值观和观念的其他人。因此，友谊也是个人信任同事的另一个因素（表达性关系）。鉴于友谊和社会支持是表达性关系的组成部分，个人可能会信任那些向他们提供友谊和社会支持的同事，这表明，表达性关系会影响个人对同事的信任。换句话说，与同事建立亲密友谊的员工创造了一个潜在的子群体，该子群体更有可能通过他们的表达性互动在个人及其同事之间产生信任。这表明，表达性关系可能会积极影响他们对同事的信任。

8.5　知识共享、公平与影响

知识共享受到组织承诺中分配公平、程序公平和合作性的影响。事实证明，低知识共享可能归因于缺乏组织承诺和对同事的信任，这可能受到负面的组织影响、个人影响和人际影响的推动。因此，解决组织公平问题的组织伦理政策，无论是在分配公平上还是在程序公平上都可能会加强组织承诺和对同事的信任，从而通过组织承诺或对同事的信任产生强大的知识共享。

组织公平可能对组织承诺产生重要影响，因为它定义了组织公平对待员工的道德水平。尽管许多员工认为分享隐性知识是合乎道德的，但他们对分配公平和程序公平的自身利益的担忧可能仍然会阻碍这种分享行为。当组织内部公平感较低时，隐性知识共享就会减少。而当分配公平和程序公平的自身利益令人满意时，可能会促使员工愿意在组织中分享知识。因此，尽管隐性知识共享通常是员工的道德期望，但自身利益和隐性知识共享之间的某种权衡决定了知识的共享水平。

作为一种人格特质，个体的合作性通过组织承诺显著影响隐性知识共享，可能在一定程度上或高或低，甚至在个体被组织雇用之前就已经存在，但这种合作性可以通过组织培训得到提升。组织可以通过创业分享或焦点小组等项目对员工进行培训，以调整他们在合作方面的道德价值观。因此，一种鼓励社会网络关系发展的组织文化，无论是在工具性关系上还是在表达性关系上都可以增强对同事的信任，从而产生大量的隐性知识共享。下面将讨论基于调查结果的更多影响。

员工偶然反馈的分配不公平或程序不公平有助于管理层采取适当的行动来改善不公平现象，这从长远来看，会促进隐性知识共享。分配公平对组织承诺和同事信任的显著影响以及程序公平仅对组织承诺的显著影响表明，组织承诺实质上是一个普遍成功的中介，它影响公平方面的隐性知识共享。这一发现表明，组织承诺被视为检验组织公平对隐性知识共享影响的检查点。

管理层可以定期对员工进行一系列标准调查，以检测他们对组织的承诺以及他们对公平的看法。通过这项调查，管理层还可以过滤分配不公平或程序不公平对组织承诺和隐性知识共享的负面影响。由于组织公平是一个敏感问题，因此组织应向员工提供相应的监督与反馈渠道，如可以有效促进个人举报不公平行为的在线邮箱。管理层应充当产生公平决定的推动者，为组织中实现组织公平和公平利益设定道德基调。如果管理层缺乏对公平的承诺，员工对组织公平的看法可能较低；如果管理层对所有员工公平一致地应用规则，并根据没有个人偏见的公平绩效评估来惩罚或奖励他们，那么员工可能会对组织承诺和同事的信任做出积极回应。

管理层应避免忽视员工的合作精神。一旦员工缺乏合作性，他们可能会通过不与他人合作而对组织做出不道德的事情，最终导致组织承诺薄弱和隐性知识共享低下。事实上，在组织中表现出合作行为的个人应该被誉为学习的榜样。除了管理层对员工与同事合作的支持外，还可以安排员工参与"游戏化"合作理念的构思，以促进员工社交关系和合作经验的交流。如果员工不与同事合作，他们将能够通过"游戏化"合作了解负面结果。同时，管理层与员工之间的频繁沟通进一步扩大了员工对他们在组织中成为优秀团队成员的责任的理解。管理层应积极表达自己对员工合作的期望和观点，以激发员工的合作意愿，从而增强其合作精神。

8.6　本章小结

社交网络关系（包括工具性关系和表达性关系）对同事信任的显著影响表明，同事之间良好的社会关系有助于彼此之间的信任培养，进而产生隐性知识共享。管理层还可以为员工安排一些组织活动，如联欢晚会、体育比赛以促进员工之间的情感交流，逐渐地，可能会发展出密切的社会网络关系，从而增强员工之间的相互信任和隐性知识共享。由于人与人之间的社交网络关系会受到他们生活中正在进行的事件的影响，这些事件涉及情感分享，管理层应该应用机制来诊断员工的情绪反应，以防员工与其他同事之间发生冲突。管理层应该意识到，如果组织不愿意投资创造适当的应急措施和工具来帮助培养员工之间的社交网络关系，那么相互信任就会处于脆弱境地。

9 数字化人力资源职业生涯与员工关系变革研究

本章将探讨数字化人力资源职业生涯与员工关系变革的重要性、应用案例和影响因素。通过分析数字化技术对人力资源管理的影响，以及数字化转型对员工关系的影响，本章发现数字化人力资源职业生涯与员工关系变革能提高组织效率、员工满意度和创新能力，同时还指出数字化转型对技能需求、组织文化调整和变革管理的挑战。未来研究应关注不同行业和组织类型的适应性、员工参与度和数字化工具的应用。

随着数字化时代的到来，企业和组织面临着前所未有的变革和挑战。数字技术的迅速发展和普及，对人力资源管理和员工关系产生了深远影响。数字化人力资源职业生涯与员工关系变革成为一个备受关注的研究领域。

数字化人力资源职业生涯是指在数字化环境下，人力资源管理从传统的操作和服务型角色转变为战略伙伴和价值创造者的过程。它涵盖了招聘、培训发展、绩效管理、员工参与等方面，借助数据分析、人工智能等技术手段提高管理效能和员工体验。同时，数字化转型也对员工关系产生了深远影响。员工对于更加灵活的工作安排、积极参与决策以及有效沟通渠道的需求不断增长。数字化技术为组织提供了更多机会来满足员工的期望，但也带来了新的挑战，如跨地域团队合作、文化调整等。

因此，研究数字化人力资源职业生涯与员工关系变革的必要性和措施对于组织能够适应数字化时代的需求、提高管理效能、增强员工满意度具有重要意义。本章旨在探讨数字化人力资源职业生涯与员工关系变革的应用、必要性、挑战以及相应的措施，为组织和人力资源管理者提供有价值的参考和指导。

9.1 数字化人力资源职业生涯与员工关系的应用

9.1.1 数字化人力资源管理的概念和原理

数字化人力资源管理是指在数字化时代，人们利用先进的信息技术和数字化工具来支持和优化人力资源管理的一种管理方式。它以数据驱动、智能化和网络化为特征，旨在提升组织的人力资源效能、员工体验和组织绩效。

数字化人力资源管理的核心原理是将人力资源管理与信息技术融合，通过数据分析、人工智能、云计算等技术手段，实现以下五个方面的改进：

（1）数据驱动的决策。数字化人力资源管理借助大数据分析和预测模型，可以更准确地评估和预测员工绩效、人才需求及组织变化趋势，从而为决策提供科学依据。

（2）自助式服务和自动化流程。通过建立员工自助平台和自动化流程，数字化人力资源管理能够提供更便捷、高效的员工服务，如在线招聘、自助培训、自动化薪酬和绩效管理等，以减少烦琐的人力资源操作。

（3）个性化与精细化管理。数字化人力资源管理强调个体差异和个性化需求，通过个性化培训、定制化福利和绩效管理等措施，以满足员工多样化的发展和工作需求，从而提高员工满意度和工作积极性。

（4）网络化的协作与沟通。数字化人力资源管理构建了跨部门、跨地域的协作与沟通平台，促进了员工之间的合作和知识共享，打破了传统的组织边界，提高了团队效能和创新能力。

（5）智能化的人才管理。数字化人力资源管理利用人工智能和机器学习技术，通过自动化的人才匹配和推荐，帮助组织更准确地识别、吸引并留住优秀人才，以提高人才储备和组织竞争力。

综上所述，数字化人力资源管理通过整合信息技术和管理实践，实现了从传统的人力资源操作型角色向战略伙伴和价值创造者的转变，从而为组织提供了更科学、高效的人力资源管理方法，这有助于提升组织绩效、员工满意度和创新能力。

9.1.2　数字化人力资源职业生涯的定义和特征

数字化人力资源职业生涯是指在数字化时代，人力资源管理专业人员所面临的职业发展和成长过程。它强调了在数字化环境下的技能要求、职业规划和发展路径，并借助数字化工具和技术来支持及优化职业生涯的各个方面。

数字化人力资源职业生涯的特征主要包括以下五个方面：

（1）技术驱动。数字化人力资源职业生涯的核心是技术的应用和驱动。人力资源管理专业人员需要具备数字化技术和工具的应用能力，如人力资源信息系统（HRIS）、数据分析工具等，以更好地管理和分析人力资源数据，从而为决策提供支持。

（2）数据导向。数字化人力资源职业生涯注重数据驱动的决策和实践。人力资源管理专业人员需要具备数据分析的能力，能够收集、整理和分析人力资源相关数据，从中获取洞察力，进行预测和优化，为组织的人力资源管理提供科学依据。

（3）灵活性和适应性。数字化时代的变革速度快，人力资源管理专业人员需要具备灵活性和适应性，能够快速适应新的技术和工具，不断学习和更新知识、技能，以应对不断变化的人力资源管理需求。

（4）综合能力。数字化人力资源职业生涯要求人力资源管理专业人员具备综合能力。除了传统的人力资源管理知识和技能，他们还需要具备数据分析能力、项目管理能力、跨部门协作能力等，以应对复杂多变的组织环境。

（5）职业发展和学习机会。数字化人力资源职业生涯强调职业发展和学习机会的重要性。人力资源管理专业人员需要积极主动地寻求学习和成长的机会，不断提升自身的专业素养和技能，以适应数字化时代的人力资源管理需求。

总之，数字化人力资源职业生涯是一个充满挑战和机遇的领域，它要求人力资源管理专业人员不断更新知识和技能，与技术发展保持同步，灵活适应组织的数字化转型，为组织提供更高效、智能、创新的人力资源管理支持。

9.1.3 数字化人力资源管理在员工关系中的应用

9.1.3.1 数据驱动的招聘和选拔

数字化人力资源管理利用大数据分析和人工智能技术，能够更准确地评估候选人的背景和技能匹配度。通过分析候选人的履历、技能评估和行为数据，数字化人力资源管理可以提供更科学、客观的招聘决策依据，从而提高招聘的效率和质量。

9.1.3.2 网络化的培训和发展

数字化人力资源管理提供了在线培训与发展平台，使员工可以随时随地通过网络获取培训资源和学习机会。借助在线学习管理系统和虚拟培训工具，数字化人力资源管理能够提供个性化、灵活的培训方案，以满足员工的学习需求，从而提高培训的效果并促进员工的职业发展。

9.1.3.3 积极的员工参与和沟通平台

数字化人力资源管理建立了员工参与和沟通的网络平台，如企业社交网络、在线调查和反馈工具等。通过这些平台，员工可以参与决策过程、提供反馈意见、分享知识和经验，以加强与管理层的沟通与互动，从而提高员工满意度和参与度。

9.1.3.4 弹性工作安排和远程办公

数字化人力资源管理支持弹性工作安排和远程办公，通过虚拟办公软件、在线协作工具和视频会议系统等，员工可以灵活地选择工作时间和地点，实现工作与生活的平衡。这种灵活的工作安排有助于提高员工的工作效率和满意度，减少通勤时间并降低成本，同时也为组织节约资源。

通过以上应用，数字化人力资源管理在员工关系中发挥了重要作用。它提供了更科学、智能和便捷的工具和平台，促进了员工参与、沟通和发展，增强了组织与员工之间的联系和合作，提高了员工满意度和组织绩效。数字化人力资源管理的应用案例为组织提供了实际可行的方法和策略，使员工关系更加紧密和积极。

9.2   数字化人力资源职业生涯与员工关系变革的必要性

9.2.1   技术发展对人力资源职业生涯的影响

随着技术的不断发展和应用，人力资源职业生涯也面临着重大的变革。技术的崛起给人力资源管理领域带来了许多新的机遇和挑战，影响着人力资源专业人员的工作内容、技能要求以及职业发展路径。技术发展对人力资源职业生涯的两个主要影响因素包括自动化和机器学习的崛起，以及数字技术对职业岗位的改变。

9.2.1.1   自动化和机器学习的崛起

自动化和机器学习的快速发展对人力资源职业生涯产生了深远的影响。许多传统的人力资源管理任务如简历筛选、薪酬计算、绩效评估等，都可以通过自动化和机器学习技术进行处理。自动化的人力资源管理系统和智能化的人工智能工具能够更快速、准确地完成这些任务，提高工作效率。然而，这也意味着一些重复性的人力资源工作可能会被机器取代，对人力资源专业人员提出了更高的要求，他们需要转变角色，从传统的操作者转变为战略规划者和问题解决者。

9.2.1.2   数字技术对职业岗位的改变

数字技术的广泛应用对人力资源职业岗位的性质和要求产生了重大变化。随着数字化人力资源管理的兴起，人力资源专业人员需要熟悉并善于利用各种数字工具和技术，如人力资源信息系统（HRIS）、数据分析工具、在线培训平台等。数字技术的应用使人力资源管理过程更加高效、准确，并提供了更多的数据支持，使人力资源专业人员能够更好地进行决策和规划。同时，人力资源专业人员也需要具备数字化技能，能够理解和分析数据，从中获取洞察力，从而为组织提供战略性的人力资源建议。

9.2.2   数字化转型对员工关系的影响

数字化转型对员工关系产生了深远的影响。在数字化时代，组织面临着快速变化的业务环境和技术发展，员工关系的管理也需要适应这一转型。数字化转型对员工关系的影响主要体现在灵活性和工作体验的需要性、跨文化与跨地域团队合作的挑战两个方面。

9.2.2.1 灵活性和工作体验的重要性

数字化转型催生了新的工作模式和对灵活性的需求。员工期望能够在工作中享受更大的自主权和灵活性，以更好地平衡工作和生活。数字化工具和技术的应用使得远程工作、弹性工作时间等灵活工作方式成为可能，员工可以更自主地安排工作时间及地点，提高工作效率和生产力。同时，数字化转型也为员工提供了更多的学习机会和发展机会，通过在线培训、学习平台等，员工可以根据自身需求进行个性化的学习和成长。

在数字化转型中，组织需要重视员工的工作体验。员工关系管理需要关注员工的心理需求、工作满意度和参与度。通过提供良好的工作体验，组织能够吸引并留住优秀的人才，提高员工的工作动力和忠诚度。以下是数字化转型对员工关系管理的四个关键方面：

（1）弹性工作安排。组织需要提供弹性的工作安排，如灵活的工作时间、远程办公等，使员工能够更好地平衡工作和个人生活需求。这种灵活性可以提高员工的工作满意度和生产力。

（2）技术支持与培训。组织需要提供适当的数字化工具和技术支持，以确保员工能够高效地使用这些工具进行工作。同时，组织也应该提供培训机会，以帮助员工掌握并适应新的技术和工具。

（3）沟通和参与。数字化转型提供了更多的沟通渠道和参与渠道，组织应充分利用这些渠道，与员工保持良好的沟通和互动。组织应通过员工参与决策、提供反馈意见等方式，以增强他们的参与感和归属感。

（4）学习和发展。数字化转型提供了更多的学习机会和发展机会，组织应鼓励员工不断学习和成长，并为其提供在线学习平台、培训机会等支持。这样可以增强员工的职业发展感和满足感。

总之，数字化转型对员工关系管理提出了新的要求。灵活性和工作体验的重要性在数字化时代愈发凸显，组织需要关注员工的需求，提供灵活的工作安排和支持，以提高员工的工作满意度、参与度和忠诚度。同时，组织也应重视员工的学习与发展，为其提供适应数字化转型的培训机会和成长机会。

9.2.2.2 跨文化与跨地域团队合作的挑战

跨文化与跨地域团队合作在数字化转型背景下越发普遍，但也面临着一系列挑战。以下是跨文化与跨地域团队合作的四个主要挑战：

（1）文化差异。不同地域及文化背景的团队成员可能拥有不同的价值观、沟通风格和工作习惯。这种文化差异可能导致成员之间的误解、冲突和合作障碍。团队成员需要增强跨文化意识和敏感性，学会尊重和理解其他文化，以促进有效的团队合作。

（2）时区和地理距离。跨地域团队合作面临着时区和地理距离的挑战。不同地区之间的时差可能导致团队之间的沟通延迟和协调困难。地理距离也限制了成员之间面对面交流和直接合作的机会。团队成员需要学会灵活安排会议时间和使用在线协作工具，以促进跨时区和跨地域的有效合作。

（3）语言障碍。团队成员使用不同的母语或第二语言进行沟通可能导致语言障碍。语言差异可能影响信息理解、表达准确性和团队沟通的效率。团队成员需要建立明确的沟通渠道、采用简明清晰的语言，并尽量避免使用行业术语和文化特定的语言，以确保有效的交流和理解。

（4）工作习惯和时间管理。不同地域和文化背景的团队成员可能有不同的工作习惯和时间管理方式。有些文化可能注重时间的准时性和效率，而其他文化则更注重人际关系和弹性。这种差异可能导致工作节奏不协调和冲突。团队成员需要相互理解和适应对方的工作习惯，建立共同的时间管理与工作协调机制。

为克服这些挑战，跨文化与跨地域团队合作需要采取以下策略：

一是建立开放和包容的团队文化，尊重和欣赏不同的文化背景；

二是加强跨文化沟通和冲突解决技巧的培训，提高团队成员的跨文化意识和敏感性；

三是利用技术工具和在线协作平台，促进团队成员之间的实时沟通和协作；

四是定期安排虚拟会议和面对面会议，加强团队成员之间的面对面交流和互动；

五是建立清晰的沟通渠道和共享信息的机制，确保团队成员之间的沟通畅通；

六是设立明确的目标和角色责任，提高团队成员的工作效率和协作效果。

综上所述，通过有效的团队合作和有效的跨文化管理，跨文化与跨地域团队可以充分发挥各成员的优势，从而实现更高效、创新、多元化的工作成果。

9.2.3 数字化人力资源职业生涯与员工关系变革的价值和益处

9.2.3.1 提高组织效率和员工满意度

数字化人力资源管理和员工关系变革利用技术与数据分析来优化及自动化组织的各项人力资源流程。通过数字化的招聘与选拔流程，组织可以更快速、准确地筛选并选择合适的候选人，从而节省时间和资源。数字化的培训与发展平台使员工能够随时随地进行学习，提高自身的技能和知识量、绩效和生产力。此外，数字化转型还可以简化和加速员工信息管理、薪酬福利管理等方面的工作，减少烦琐的人力资源事务处理时间，使人力资源团队能够更专注于战略性任务和高价值工作，从而提高整体组织的效率。

数字化人力资源管理和员工关系变革可以提供更好的员工体验和满意度，从而增强员工的参与度和忠诚度。通过数字化平台和工具，员工可以更便捷地获取并管理个人信息、查看薪酬和福利、申请假期等，从而提供了更加个性化和自主的服务体验。数字化的培训和发展机会为员工提供了持续学习和职业发展的途径，满足了员工的成长需求，增强了其职业发展感和满足感。此外，数字化转型还可以提供更多的员工参与及沟通的渠道，如员工参与决策、提供反馈意见的平台，使员工感到被重视和参与到组织发展中，从而提升员工的工作满意度和归属感。

综上所述，数字化人力资源职业生涯与员工关系变革的价值和益处之一是提高组织效率和员工满意度。通过优化人力资源流程、提供个性化的员工服务体验和培训发展机会，数字化转型可以提高组织的运营效率，减少人力资源事务处理时间，使人力资源团队能够更专注于战略性工作。同时，数字化转型还可以提升员工的工作满意度和参与度，增强员工的职业发展感和忠诚度，为组织的长期发展打下坚实的基础。

9.2.3.2 促进创新和知识共享

（1）创新推动。数字化转型为组织提供了更多创新的机会和平台。通过数字化的招聘与选拔流程，组织可以更广泛地吸纳和发掘具有创新思维及能力的人才。数字化的培训与发展平台为员工提供了学习和掌握新技术、工具、方法的机会，激发了员工的创新潜力。此外，数字化转型还鼓励员工参与创新项目，提供更多的创新资源及支持，从而推动组织的创新能力和竞争力。

（2）知识共享与协作。数字化人力资源管理和员工关系变革创造了更便捷、高效的知识共享与协作机制。通过数字化平台和工具，员工可以轻松共享和传递知识、经验以及最佳实践。在线协作工具和社交媒体平台提供了员工之间实时交流与合作的渠道，促进了跨团队和跨部门的知识共享及协同工作。这种知识共享和协作的环境有助于加速问题的解决、创新和学习，提高了组织的智力资本和知识管理能力。

（3）学习型组织的建设。数字化转型支持企业构建学习型组织的理念和实践。通过数字化的培训与发展平台，员工可以随时随地进行学习，获得新的知识和技能，不断提升自己的能力。数字化转型还鼓励员工参与自主学习、反思和知识分享的活动，培养学习和创新的文化氛围。学习型组织注重知识的积累、共享和转化，通过持续学习和创新推动组织的发展及进步。

（4）激发员工参与和主动性。数字化人力资源职业生涯与员工关系变革激发了员工参与和主动性。通过数字化平台和工具，员工可以更方便地参与组织的决策过程、提供反馈和建议，实现员工参与的民主化和透明化。数字化转型还为员工提供了更多自主学习和职业发展的机会，鼓励员工主动掌握新知识和新技能，提高自身的竞争力并促进职业发展。

总之，数字化人力资源职业生涯与员工关系变革对于促进创新和知识共享具有重要的价值。它们通过提供创新机会和平台、构建知识共享和协作环境、建设学习型组织以及激发员工参与和主动性，推动组织的创新能力和知识管理能力的发展。这将为组织带来持续的竞争优势和创新驱动力，从而促进组织的长期发展和成功。

9.3 数字化人力资源职业生涯与员工关系变革的新挑战

9.3.1 技能需求的变化与职业生涯规划

9.3.1.1 数字技术相关技能的需求

（1）数据分析与解读。由于数字化时代大量的数据产生和存储，数据分析成为一项关键技能。组织需要专业人员能够收集、整理和分析数据，从中获取有价值的见解力和洞察力，并做出基于数据的决策。对于职业生涯规划而言，具备数据分析及解读能力的人才将更具竞争力。

（2）人工智能与机器学习。人工智能和机器学习技术的广泛应用对于职业生涯规划产生了深远影响，了解人工智能和机器学习的基本原理及其应用场景将成为一个优势。从机器学习模型的建立到算法优化，对这些技术有深入了解的人才将能够在数据驱动的领域中发挥重要作用。

（3）编程与软件开发。随着数字化转型的加速，编程和软件开发技能变得至关重要。了解编程语言、开发工具和技术框架将使人才能够创建定制化的解决方案，以满足组织和客户的需求。在职业生涯规划中，个人掌握至少一种编程语言或开发平台将为自身提供更多就业机会和发展空间。

（4）数字营销和社交媒体管理。随着数字化时代的到来，数字营销和社交媒体管理成为企业推广和品牌建设的重要手段。掌握数字营销策略、社交媒体平台的运营和分析技能将成为个人职业生涯规划中的重要竞争力。

（5）信息安全和网络管理。随着数字化的扩张，信息安全和网络管理的重要性也日益凸显。了解网络安全威胁、风险评估和安全防护措施，以及网络管理和系统维护技能，将使人才能够确保组织的信息和数据的安全性，为个人职业生涯的稳定发展提供保障。

综上所述，在职业生涯规划中，积极学习并掌握这些数字技术相关的技能将使个人更具竞争力，并能够适应快速变化的职场需求。此外，不断追求新技能和不断学习的态度也是个人职业生涯规划中的关键因素，可以帮助个人与数字化时代保持同步，并为自身的成长和发展打下坚实基础。

9.3.1.2 转型和适应的能力

（1）学习能力。在数字化转型中，技术和工作方法的更新速度非常快。如果具备强大的学习能力，能够快速获取新知识和技能，不断适应新的工作要求，将是个人的一个关键竞争力。通过持续学习和不断充实自己的知识储备，个人能够更好地适应数字化环境中的变化。

（2）创新思维。数字化转型带来了新的机遇和挑战，要求个人具备创新思维和解决问题的能力。能够思考新的方式、提出创新的解决方案，并勇于尝试和实践，这将有助于个人在数字化职业生涯中取得成功。创新思维包括从不同角度看待问题、发现机会和创造性地运用数字技术等能力。

（3）弹性和适应性。数字化转型带来了工作方式的改变，如远程办公、灵活工作安排等。其具备弹性和适应性，使个人能够适应新的工作环境和要求，灵活调整自己的工作方式和时间管理，这将在数字化职业生涯中发挥重要作用，包括适应新的技术工具、沟通方式和团队合作方式等方面的变化。

（4）技术娴熟度。在数字化转型中，掌握并熟练运用数字技术工具和平台将成为人才必备的能力。具备技术娴熟度，能够熟练操作各类软件和应用程序，灵活运用各种数字工具和技术，将提高个人在数字化职业生涯中的效率和竞争力。

（5）终身学习意识。数字化转型是一个不断演变的过程，要求个人具备持续学习和发展的意识。积极寻求新的学习机会和成长领域，不断更新知识和技能，这将帮助个人不断适应和应对数字化变革，从而为个人照亮终身学习的航道。

总之，转型和适应能力在数字化人力资源职业生涯与员工关系变革中至关重要。通过培养学习能力、创新思维、弹性和适应性、技术娴熟度以及终身学习意识，个人能够更好地适应数字化环境的变化，最终获得职业生涯中的成功。

9.3.2 组织文化和价值观的调整

在数字化人力资源职业生涯与员工关系变革中，组织文化和价值观的调整至关重要。

9.3.2.1 领导力和文化转型

数字化转型需要领导者发挥重要作用，他们需要具备领导数字化变革的能力和意愿。领导者需要成为数字化文化的倡导者和榜样，通过塑造和传播组织的数字化愿景、价值观及行为准则，推动整个组织的文化转型。领导者还应确保数字化价值观贯穿于组织的各个层面，并与组织策略和目标相一致。

组织可以采取以下三种措施：

（1）建立数字化领导力。组织可以培养和发展数字化领导力，提供培训机会和发展机会，使领导者能够理解并适应数字化变革的挑战和机遇。数字化领导力应包括数字化技术的理解、数字化战略的制定以及执行、创新和变革管理等方面的能力。

（2）建立共享愿景和价值观。组织应与员工共同制定数字化愿景和价值观，以确保员工对数字化变革的目标和意义有一个清晰的理解。这将有助于形成共同的文化，并激发员工的动力、增强其参与度。

（3）建立开放和透明的沟通渠道。组织应建立开放和透明的沟通渠道，让员工了解数字化变革的进展和决策过程。通过定期沟通、反馈和倾听员工的意见和建议，组织可以建立良好的信任关系，增强员工对变革的参与度和支持度。

9.3.2.2　员工参与度和文化匹配性

员工参与度是数字化人力资源职业生涯与员工关系变革中不可或缺的因素。组织应鼓励员工参与数字化转型过程，为员工提供参与和贡献的机会，使他们感受到自己在数字化变革中的重要性和价值。此外，确保组织文化与员工个体价值观的匹配性也是至关重要的。组织应关注员工的需求和期望，创造支持和鼓励员工的文化环境，以增强员工的工作满意度和参与度。

组织可以采取以下三种措施：

（1）建立员工参与的平台。组织可以提供多样化的参与平台，如员工意见反馈机制、创新实验室或员工参与项目，以激发员工的积极性和创造力，从而提高他们对数字化变革的参与度。

（2）营造灵活和包容的文化氛围。数字化时代的工作方式和价值观可能与传统的工作模式存在差异。组织应尽力营造灵活和包容的文化氛围，支持员工的多样性和个体需求，创造一个支持员工成长和发展的工作环境。

（3）提供发展机会和培训机会。组织可以通过向员工提供发展和培训的机会，帮助他们提升数字化技能和知识，以适应数字化变革的要求。这不仅有助于促进员工的个人职业发展，也有助于提高他们对组织的忠诚度和参与度。

通过以上措施，组织可以实现领导力和文化转型，并提高员工的参与度及其文化匹配性，从而促进数字化人力资源职业生涯与员工关系的变革与发展。

9.3.3　员工参与度和反馈机制的建立

9.3.3.1　数字化的员工参与和反馈平台

数字化的员工参与和反馈平台是指通过数字技术和工具，为员工提供参与组织决策、表达意见和提供反馈的平台。这种平台可以帮助组织与员工建立更加开放和透明的沟通渠道，促进员工参与决策和业务流程的改进，从而增强员工的参与度和满意度。

首先，数字化的员工参与和反馈平台可以提供即时和广泛的参与机会。传统的员工参与方式可能受制于时间和地点，而数字化平台通过在线问卷调查、员工意见箱、社交媒体等工具，使员工能够随时随地参与和表达意见。这种及时性和灵活性可以提高员工的参与度及其反馈质量。

其次，数字化的员工参与和反馈平台具有匿名性和保密性。在传统的反馈过程中，员工可能因为担心个人隐私或反馈后果而不敢真实表达意见。而通过数字化平台，员工可以匿名提供反馈信息和相关意见，能够更加坦诚和真实地表达想法，从而为组织提供更准确的信息。

再次，数字化的员工参与和反馈平台还可以增加员工参与的多样性。不同员工可能有不同的意见、经验和观点，而数字化平台可以打破传统的地理与层级限制，促进跨部门、跨地域和跨层级的员工参与。这样可以充分利用组织内部的智慧和多样性，从而提供更全面和多角度的反馈。

最后，数字化的员工参与和反馈平台还可以通过数据分析和挖掘，为组织提供有价值的洞察力和决策支持。通过收集和分析员工反馈数据，组织可以发现问题、识别趋势，并采取相应的改进措施。这样的数据驱动决策有助于提高组织效率和员工满意度，推动数字化人力资源管理的进一步发展。

综上所述，数字化的员工参与和反馈平台为组织提供了强大的工具和机制，促进了员工参与度的提升，增强了组织与员工之间的互动和沟通。通过数字化平台，组织可以更好地了解员工的需求和意见，及时做出调整和改进，从而实现组织的持续发展和员工的个人成长。

9.3.3.2　心理契约和工作满意度的关系

心理契约是指员工与组织之间的非书面、隐性的期望和责任关系，是一种心理上的合同。工作满意度是指员工对工作的整体评价和情感体验。心理契约和工作满意度之间存在着密切的关系。一方面，心理契约的充实和满足程度会直接影响员工的工作满意度。当员工感到组织履行了其预期的承诺，并为其提供了合理的资源和支持，员工会对这份工作更加满意。心理契约的实现可以增强员工对组织的信任和归属感，从而提高工作满意度。另一方面，心理契约的破裂或不充分履行可能导致员工的工作满意度下降。当员工感到组织未能兑现承诺、缺乏支持或存在不公平待遇时，他们可能感到失望和不满意，从而影响到工作满意度。

心理契约和工作满意度之间的关系是相互作用的。工作满意度的提高可能促使员工对组织的心理契约更加满意，因为他们感到自己的付出得到了回报和认可；相反，心理契约的满足也可以促进工作满意度的提升，因为员工感到组织关注和关心他们的需求。

因此，组织应重视并管理心理契约，以提高员工的工作满意度。这包括明确和有效地传达组织的期望和承诺，为员工提供必要的资源和支持，确保公平和公正的待遇，以及建立良好的沟通与反馈机制。通过营造积极的心理契约和满意工作的环境，组织可以增强员工的投入感、提高其忠诚度，从而提高组织的绩效和竞争力。

9.4 数字化人力资源职业生涯与员工关系变革措施

9.4.1 数字化人力资源职业生涯管理模型的构建

数字化人力资源职业生涯管理模型的构建是为了帮助员工在数字化时代更好地管理和发展自己的职业生涯。该模型结合了职业生涯规划和发展路径以及技能培训和学习两个关键要素。

9.4.1.1 职业生涯规划和发展路径

职业生涯规划和发展路径是数字化人力资源职业生涯管理模型的基础。个人需要进行自我评估，了解自己的兴趣、价值观、技能和能力，以确定适合自己的职业目标和发展方向。随后，个人需要通过对职业市场和行业趋势的研究，探索不同职业的要求和机会，并制定明确的短期目标和长期目标。随着时间的推移，个人可以不断调整和更新自己的职业发展路径，以适应变化的数字化环境。

9.4.1.2 技能培训和学习

技能培训和学习是数字化人力资源职业生涯管理模型中的关键要素之一。个人应积极主动地参与各种培训和学习，提升自身的专业技能和知识，其中可以包括内部培训课程、外部培训活动、在线学习以及通过工作经验的积累来获取新的技能和知识。通过不断学习和技能培养，个人可以增加自身的竞争力，以适应数字化时代的职业需求。

数字化人力资源职业生涯管理模型的构建需要个人和组织的共同努力。个人应积极参与职业生涯规划和发展路径的制定，根据自身的兴趣和目标来选择适合的技能培训和学习。同时,组织可以提供支持和资源,包括内部培训项目、导师制度、学习平台等,以帮助员工实现职业生涯目标。

总而言之,数字化人力资源职业生涯管理模型的构建是为了帮助员工在数字化时代实现职业成功和个人成长。通过职业生涯规划和发展路径的制定以及积极参与技能培训和学习,个人可以不断提升自身能力,以适应职业发展的需求,并为组织的数字化转型和发展做出贡献。

9.4.2 新技术工具的应用和培训

在数字化人力资源管理中,新技术工具的应用和培训对于提升人力资源专业能力至关重要。其中,人力资源信息系统的应用和数据分析与预测的能力培养是两个重要方面。

9.4.2.1 人力资源信息系统的应用

人力资源信息系统的应用对于数字化人力资源管理至关重要。HRIS 是一种集成的软件系统,用于管理和处理与人力资源相关的信息和流程。通过 HRIS,人力资源部门可以更高效地管理员工信息、招聘和选拔、培训和发展、绩效管理等方面的流程。这种系统化的应用可以提高人力资源管理的准确性、效率和可靠性,帮助人力资源专业人员更好地了解和满足组织的人力资源需求。

9.4.2.2 数据分析与预测的能力培养

数据分析与预测的能力培养对于数字化人力资源管理至关重要。随着大数据时代的到来,人力资源部门可以利用大数据和分析工具来获取洞察力,并基于数据进行预测和决策。通过数据分析,人力资源部门可以评估员工绩效、预测人才流失、优化招聘和培训策略等。因此,培养数据分析和预测的能力成了人力资源专业人员必备的技能之一。这可以通过参加数据分析培训课程、学习数据分析工具和方法,以及实践项目和案例来实现。

为了应对新技术工具的应用及培训需求,人力资源部门可以采取以下措施:

(1)提供培训与学习机会。组织通过开设内部或外部的培训课程、研讨会和工作坊,来帮助人力资源专业人员熟悉和掌握新技术工具的应用方法和技能。

（2）建立导师制度。组织通过建立导师制度，为新员工提供经验丰富的导师，以帮助他们了解和应用新技术工具，并为其提供指导和支持。

（3）制订数字化转型计划。组织通过制订清晰的数字化转型计划，明确自身对新技术工具的应用和培训的重要性，并为其提供资源和支持。

（4）建立合作伙伴关系。组织通过与技术供应商、教育机构和专业组织建立合作伙伴关系，共同开展培训及知识分享活动，促进新技术工具的应用和培训。

综上所述，新技术工具的应用和培训在数字化人力资源管理中具有重要意义。通过人力资源信息系统的应用和数据分析与预测的能力培养，人力资源部门能够更好地满足组织的人力资源需求，并提升自身的专业能力。组织应重视这些技能的培养，并采取相应措施来促进人力资源专业人员的学习和发展。

9.4.3　组织变革和变迁管理策略

9.4.3.1　变革管理和沟通策略

变革管理和沟通策略是组织变革成功的关键因素。在数字化转型和人力资源职业生涯的变革过程中，组织需要有效管理变革，并与员工进行及时、透明的沟通。变革管理策略包括明确变革目标、制订详细计划、分配资源和建立监测机制等，以确保变革的顺利进行。同时，通过沟通策略，组织可以与员工分享变革的目的、影响和益处，以减少不确定性和抵抗情绪，从而提高员工的理解力和参与度。

9.4.3.2　弹性工作制度的设计和实施

弹性工作制度的设计和实施对于数字化人力资源职业生涯与员工关系变革具有重要意义。弹性工作制度可以使员工更加灵活地安排工作，使他们能够根据个人需求和工作要求自主决定工作时间、工作地点等。这种灵活性有助于提高员工的工作满意度和工作生活平衡，提高员工的投入度和忠诚度。组织应根据实际情况设计适合的弹性工作制度，并确保其有效实施，包括提供必要的技术支持和沟通渠道、建立相应的绩效评估机制等。

为了有效应对组织变革和变迁，可以采取以下措施：

（1）建立变革管理团队。组织可以组建专门的变革管理团队，负责制定变革战略、计划并加以实施，以确保变革目标的达成。

（2）与员工进行开放沟通。组织需要与员工保持开放和透明的沟通，解释变革的目的和重要性，并及时回应员工关切的问题。

（3）提供培训和支持。组织应提供必要的培训和支持，以帮助员工适应新的工作方式和要求，并提升他们的技能与知识水平。

（4）设计弹性工作制度。组织应根据自身和员工的需求，制定弹性工作制度，包括灵活的工作时间、远程工作选项等，以提高员工的工作满意度和效率。

总之，变革管理和沟通策略以及弹性工作制度的设计和实施对于数字化人力资源职业生涯与员工关系变革的成功至关重要。组织应该重视这些方面，并采取相应的措施来保障变革的顺利进行和员工的积极参与。

9.5 本章小结

数字化人力资源职业生涯与员工关系变革是一个不可避免的趋势。数字化技术的快速发展对人力资源管理和员工关系产生了深远的影响。数字化人力资源管理的应用案例包括数据驱动的招聘和选拔、网络化的培训和发展、积极的员工参与和沟通平台以及弹性工作安排和远程办公。这些应用可以提高组织效率、员工满意度和创新能力。

未来，数字化人力资源职业生涯与员工关系变革将继续发展。随着技术的不断进步，人力资源部门需要持续关注数字化工具和技术的新发展，以适应变化的需求。同时，组织需要重视员工的参与度和沟通能力的培养，建立灵活的工作制度，以提高员工的工作满意度，从而使其更好地平衡工作和生活。

未来的研究可以进一步分析不同行业和组织类型对数字化变革的适应性和影响，研究数字化人力资源职业生涯与员工关系变革对员工创造力和创新能力的影响，探讨数字化人力资源职业生涯与员工关系变革对组织绩效和竞争力的影响。通过进一步研究这些方向，我们可以更全面地理解数字化人力资源职业生涯与员工关系变革的特点和影响，为其实践和决策提供更有针对性的指导。

10 数字化员工福利与保障变革

在数字化时代，科技的快速发展和数字化转型对于企业和员工的福利与保障提出了全新的挑战。随着互联网、人工智能、大数据分析和区块链等技术的不断创新及应用，传统的员工福利与保障模式已经难以满足现代企业和员工的需求。因此，数字化员工福利与保障变革成为一个备受关注的研究领域。

首先，数字化员工福利与保障变革的背景是全球范围内劳动力市场的快速变化和员工期望的改变。全球化带来了更加激烈的竞争和不断变化的市场需求，企业需要更灵活、高效的人力资源管理来适应这种变化。与此同时，新一代员工对于福利与保障的期望也发生了根本性的变化。他们更加注重工作与生活的平衡、个性化的福利选择、灵活的工作时间及地点等。传统的福利与保障模式已经无法满足这些新的需求。

其次，数字化技术的快速发展为数字化员工福利与保障变革提供了有力的支持。人工智能、机器学习和大数据分析等技术的应用使得员工福利与保障可以更加个性化、精细化和智能化。例如，通过数据分析和预测，企业可以更好地了解员工的需求和偏好，从而提供个性化的福利方案。区块链技术的应用可以增加福利与保障的透明度和可信度，从而提高员工的信任度和满意度。

最后，数字化员工福利与保障变革也受到了一系列社会经济因素的推动。随着劳动力市场的变动和人口结构的变化，社会对于员工福利与保障的关注度不断提高。政府、企业和工会等利益相关者也开始重视数字化员工福利与保障的改革，旨在提高员工的福祉、提升企业的竞争力并推动社会的可持续发展。

综上，数字化员工福利与保障变革在当今社会背景下具有重要的研究意义。通过深入研究数字化技术的应用、管理实践、政策支持和社会影响等方面，可以为企业和政府部门提供指导，从而促进员工福利与保障的创新和提升。同时，对于员工和企业来说，数字化员工福利与保障的变革也意味着更好的工作体验、更高的生产力和更好的职业发展机会。

10.1　数字化员工福利与保障的概念和演变

10.1.1　员工福利与保障的定义

员工福利与保障是指企业为员工提供的各种待遇、权益和保障措施，旨在提高员工的福祉、满足其基本需求、增强其工作动力和提升工作质量。它包括多个方面的内容，涉及物质福利、社会保障、职业发展和工作环境等多个领域。

物质福利是员工福利与保障的重要组成部分，包括员工薪资、奖金、福利补贴、医疗保险、养老保险等经济方面的待遇。物质福利的提供可以帮助员工满足基本的生活需求，提高其生活质量和满意度，同时也是企业留住人才和激励员工的重要手段。

社会保障是员工福利与保障的核心内容之一，包括员工的社会保险、医疗保险、失业保险和工伤保险等，旨在为员工提供社会保障和风险保障，以保障其基本的社会权益和安全。社会保障的提供不仅是企业责任的体现，也是社会稳定和可持续发展的基础。

职业发展是员工福利与保障的重要方面，包括员工的培训与发展机会、晋升与职业规划、学习和成长的支持等。职业发展的重视可以帮助员工提升自身能力和竞争力，实现个人价值和职业目标，同时也可以提高员工的工作满意度和忠诚度。

工作环境也是员工福利与保障的重要组成部分，包括员工的工作条件、工作氛围、工作时间和工作休假等。提供良好的工作环境可以提高员工的工作效率和创造力，减少其工作压力和健康问题，从而促进员工的工作满意度并提高其福祉。

10.1.2　数字化的兴起与影响

随着数字化技术的快速发展和广泛应用，数字化已经成为各个行业和领域的主要趋势。数字化的兴起对于员工福利与保障产生了深远的影响，为福利与保障的提供和管理带来了新的机遇和挑战。

（1）数字化技术为员工福利与保障的提供和管理提供了更加高效和便捷的方式。通过互联网和移动应用，员工可以更方便地了解和选择福利待遇、申请福利补贴、管理个人的保险和养老金账户等。数字化的平台和工具使得员工福利与保障的交互更加灵活和个性化，同时也减少了纸质文件和烦琐的手续。

（2）数字化技术为福利与保障的个性化和定制化提供了可能。通过大数据分析和人工智能等技术，企业可以更好地了解员工的需求和偏好，提供更加个性化的福利方案。例如，企业可以根据员工的年龄、健康状况和家庭情况等因素，推荐适合的医疗保险与养老计划。这样可以提高员工的福利满意度和福祉，同时也可以提升企业的吸引力和竞争力。

（3）数字化技术改变了员工福利与保障的监督方式和管理方式。区块链技术的应用可以提供更高的透明度和可信度，确保福利与保障的公平和安全。区块链的不可篡改性和去中心化特性可以防止数据的篡改和信息的泄露，从而保护员工的隐私和权益。同时，数字化技术也提供了更精确的数据分析和预测，以帮助企业更好地评估福利与保障方案的效果和成本，从而进行决策和优化。

然而，数字化员工福利与保障也面临着一些问题和挑战。首先，数字化技术的应用涉及员工的个人隐私及数据安全问题。企业需要确保员工的个人信息不被滥用和泄露，加强数据的安全保护和合规管理。其次，数字化技术的应用需要员工具备相应的数字化技能与知识，才能充分利用数字化员工福利与保障的平台和工具。教育和培训的重要性也凸显出来。

10.1.3　数字化员工福利与保障的概念演变

数字化员工福利与保障的概念随着科技的发展和社会的变革而不断演变。过去，员工福利与保障更多是侧重于物质层面的待遇和保障，如薪资、医疗保险和退休金等。然而，随着数字化时代的到来，这一概念不断扩展，开始注重更广泛的员工需求和福祉。

在传统模式下，员工福利与保障主要包括经济方面的待遇，如薪资、津贴和福利补贴等。此外，企业还为员工提供了基本的社会保障，如医疗保险、养老保险和失业保险等。这些福利与保障主要关注员工的经济需求和风险保障，以确保他们的基本生活和工作安全。

然而，随着数字化技术的兴起和应用，数字化员工福利与保障的概念逐渐演变，并开始注重员工的全面福祉和发展。数字化时代的员工更加关注工作与生活的平衡、个性化的福利选择、职业发展与学习机会等方面。因此，数字化员工福利与保障不仅关注经济层面的待遇和保障，还强调员工的心理健康、个人发展和工作体验。

数字化员工福利与保障的演变还体现在以下四个方面：

（1）福利个性化与选择性。数字化技术的应用使得企业能够更加精确地了解员工的需求和偏好，提供个性化的福利选择。员工可以根据自己的需求和兴趣选择适合自己的福利项目，从而提高福利的满意度和有效性。

（2）强调工作与生活平衡。数字化员工福利与保障越来越注重员工的工作与生活平衡。企业通过灵活的工作安排、远程办公和假期政策等方式，以帮助员工更好地平衡个人的工作和生活，从而提高工作满意度和生活质量。

（3）关注心理健康与幸福感。数字化时代带来了新的工作压力和挑战，因此，数字化员工福利与保障开始关注员工的心理健康和幸福感。企业通过提供心理健康支持、压力管理和工作环境改善等措施，帮助员工应对压力和挑战，提升幸福感和工作满意度。

（4）提供职业发展和学习的机会。数字化员工福利与保障注重员工的职业发展与学习机会。企业通过提供培训计划、职业规划和个人发展支持等方式，帮助员工不断提升自身能力和技能，实现职业发展目标。

10.1.4 国际数字化员工福利与保障案例分析

在国际范围内，许多企业和政府机构已经采取了数字化员工福利与保障的创新实践。下面是关于国际案例的分析。

（1）谷歌（Google）。作为一家全球知名的科技公司，谷歌十分注重员工的福利与保障，并在数字化方面取得了显著成就。谷歌通过自己的内部平台和应用程序为员工提供个性化的福利选择，包括医疗保险、退休计划、弹性工作时间和健身福利等。此外，谷歌还提供在线培训和发展平台，帮助员工提升技能、制订职业生涯规划。这些数字化的福利和服务使得员工能够更方便地管理和享受福利待遇，提高了员工的福祉和工作满意度。

（2）瑞典数字化养老金系统。瑞典的数字化养老金系统是全球范围内的一项成功案例。该系统允许每个瑞典公民在线访问并管理他们的养老金账户。公民可以通过系统查询他们的养老金积累情况、估计退休金金额，并进行投资选择。这种数字化系统提供了透明度和个性化的养老金管理，使公民能够更好地规划自己的养老金，并增强了他们对养老金体系的信心。

（3）新加坡的技能补贴方案。新加坡政府推出了"技能创前程"（SkillsFuture）计划，旨在鼓励并支持员工终身学习和职业发展。该计划通过数字化平台提供在线培训课程和技能评估工具，使员工能够根据自己的兴趣和职业目标选择适合的学习课程。员工完成课程后，可以获得技能补贴用于支付培训费用。这种数字化的福利方案为员工提供了学习和发展的机会，提高了他们的职业竞争力。

这些案例表明，在数字化时代，许多国际组织和政府机构已经意识到数字化员工福利与保障的重要性，并采取了相应的措施。这些措施包括建立数字化平台和应用程序、提供个性化福利选择、强调职业发展与学习机会，以及增强透明度和信任度。这些实践对于提升员工福祉、增加工作满意度和促进组织发展具有积极的影响，值得其他组织和政府借鉴、学习。

10.2　数字化员工福利与保障的关键技术

10.2.1　人工智能与机器学习在员工福利与保障中的应用

人工智能和机器学习（machine learning）是数字化时代的核心技术，它们在员工福利与保障领域的应用为提供更智能化和个性化的福利与保障方案提供了新的可能性。下面是人工智能与机器学习在员工福利与保障中的应用领域。

（1）个性化福利方案。人工智能和机器学习技术可以分析员工的个人数据和偏好，从而为员工提供个性化的福利方案。通过对员工的个人与健康数据进行分析，系统可以识别出每个员工的特定需求，并为其提供最适合的福利选择。例如，根据员工的医疗记录和健康数据，智能系统可以推荐适合的医疗保险与健康管理方案。

（2）风险评估和预测。人工智能和机器学习可以通过分析大量的数据，识别员工可能面临的风险，并进行预测和预警。通过对员工的工作记录、健康数据和个人情况进行分析，系统可以识别出潜在的健康风险、职业风险和退休风险等。这样可以帮助企业和员工提前采取措施、降低风险，并提供相应的福利和保障。

（3）自动化理赔处理。人工智能和机器学习可以用于自动化理赔处理过程。通过分析和处理员工的福利与保险索赔数据，系统可以自动判断索赔的有效性和合理性，并进行快速的理赔处理。这样可以提高理赔的效率和准确性，减少人为错误和延迟。

（4）情感分析与员工反馈。人工智能和机器学习技术可以进行情感分析，对员工的反馈和意见进行识别和理解。通过分析员工的语言、文字和声音等数据，系统可以了解员工的情绪状态和需求。这样可以帮助企业更好地回应员工的反馈，改进福利与保障方案，提高员工满意度和参与度。

（5）职业发展与培训支持。人工智能和机器学习可以分析员工的技能和兴趣，并为其提供个性化的职业发展和培训支持。系统可以根据员工的背景和目标，推荐适合的培训课程、职业发展路径和机会。这样可以帮助员工提升技能、扩大知识面，从而实现个人职业发展目标。

10.2.2 大数据与分析在员工福利与保障中的应用

大数据和分析技术为员工福利与保障领域提供了重要的洞察力和决策支持。通过收集、整理和分析大规模的员工数据，企业可以更好地了解员工需求、评估福利方案的有效性，并做出更精准的决策。下面是大数据与分析在员工福利与保障中的应用。

（1）健康管理与预防。大数据与分析技术可以帮助企业进行健康管理和预防措施。通过收集员工的健康数据，如生物指标、健康习惯和医疗记录等，企业可以分析员工的健康状况和潜在风险，并有针对性地制订健康管理计划。例如，基于员工的健康数据，企业可以提供个性化的健康建议、健康促进活动和医疗保险方案，以帮助员工保持良好的健康状态。

（2）福利优化与个性化。大数据分析可以帮助企业评估福利方案的有效性和满意度，并进行优化和个性化。通过分析员工的福利选择、使用情况和反馈意见，企业可以了解员工对不同福利项目的需求和偏好，并根据数据结果调整福利方案。例如，企业可以根据员工的反馈和偏好，增加或调整某些福利项目的覆盖范围、额度或特殊服务。

（3）风险评估与预测。大数据分析可以帮助企业进行风险评估与预测，以提供更全面的保障。通过分析员工的工作记录、福利使用情况和健康数据，企业可以识别潜在的风险因素，并预测可能发生的事件。这样可以帮助企业制定相应的风险管理策略和保险方案，从而为员工提供更全面的保障。

（4）员工满意度与参与度分析。大数据分析可以帮助企业评估员工福利与保障方案的满意度和参与度。通过分析员工的反馈意见、参与活动的情况和福利使用率等数据，企业可以了解员工对福利与保障的满意度，发现问题和改进点，并提供更好的员工体验。这可以促进员工的参与，使其更加忠心，并提高企业的员工保留率和竞争力。

（5）退休规划与储蓄建议。大数据分析可以帮助员工进行退休规划和储蓄建议。通过对员工的收入、支出、投资和退休计划等数据进行分析，企业可以为员工提供个性化的退休规划建议。这样可以帮助员工制定合理的储蓄目标、投资策略和退休时间表，以实现理想的退休生活。

10.2.3 区块链技术在员工福利与保障中的应用

区块链技术是一种去中心化、安全且可追溯的分布式账本技术，它在员工福利与保障领域具有潜力和创新性。下面是区块链技术在员工福利与保障中的应用。

（1）薪资与福利管理。区块链可以用于薪资与福利管理，确保支付的透明性和安全性。通过将员工的薪资信息和福利待遇存储在区块链上，可以实现安全的支付和记录。区块链技术保证了交易的不可篡改性和可追溯性，减少了人为错误和欺诈的风险。此外，智能合约功能可以实现自动化的薪资计算和支付，提高了效率和准确性。

（2）数字身份与认证。区块链技术可以用于建立员工的数字身份和认证系统。通过将员工的身份信息存储在区块链上，可以实现去中心化的身份验证和管理。这样可以防止身份盗窃和信息泄露，并提供更安全的员工身份认证方式。此外，区块链还可以提供可信的员工背景验证和学历认证，帮助企业更准确地评估员工的能力和背景。

（3）福利计划透明度。区块链可以增加福利计划的透明度和可信度。通过将福利计划的规则和条件存储在区块链上，可以确保所有参与方都能够公平地获得福利待遇。区块链的不可篡改性和智能合约功能确保了福利计划的执行和符合规定。这样可以减少争议和不公平情况的发生，并增加员工对福利计划的信任度。

（4）共享经济福利平台。区块链可以支持共享经济福利平台的建立和运营。通过将员工和企业的数据存储在区块链上，可以实现可信的数据共享和交换。这样可以促进企业之间的合作与资源共享，提供更多的福利选择和服务。同时，区块链的智能合约功能可以确保交易和支付的自动化及可靠性，从而提高共享经济福利平台的效率和可持续性。

（5）社会保险和退休金管理。区块链可以改善社会保险和退休金管理系统。通过将个人的社会保险和退休金记录存储在区块链上，可以实现安全、透明和可追溯的管理。区块链的不可篡改性确保了数据的完整性和可信度，减少了欺诈和错误的发生。此外，区块链还可以实现智能合约和分布式投资管理，提高退休金的投资回报率和风险控制能力。

10.2.4　云计算与边缘计算在员工福利与保障中的应用

云计算和边缘计算技术在员工福利与保障领域具有广泛的应用，为企业提供了更灵活、高效和可扩展的解决方案。下面是云计算与边缘计算在员工福利与保障中的应用。

（1）数据存储与访问。云计算提供了可靠的数据存储和访问解决方案。企业可以将员工的福利与保障数据存储在云端，实现数据的集中管理和备份。这样可以提高数据的可靠性和安全性，并便于员工和相关部门随时访问并更新数据。边缘计算技术可以在离员工更近的边缘设备上进行数据处理和存储，减少数据传输延迟，从而提高访问速度和响应性。

（2）远程办公与协作。云计算和边缘计算使得远程办公与协作变得更加便捷和高效。员工可以通过云平台访问企业的福利与保障服务，无论身在何处都可以享受福利待遇。云计算提供了基于云的协作工具和平台，员工可以方便地与同事、管理层和福利供应商进行沟通和合作。边缘计算则通过将计算资源和应用程序放置在更接近员工的边缘设备上，从而提供更快速和稳定的远程办公体验。

（3）自助服务和个性化体验。云计算和边缘计算为员工提供了自助服务和个性化的体验。员工可以通过云平台自主管理和调整福利计划，查询福利信息和申请福利待遇。云计算技术可以根据员工的个人偏好和需求，提供个性化的福利选择和建议。边缘计算则通过在边缘设备上进行数据分析和处理，实现实时个性化推荐和服务。

（4）数据分析与预测。云计算和边缘计算为数据分析与预测提供了强大的计算及存储能力。通过云平台和边缘设备收集、整理员工的福利与保障数据，企业可以利用大数据分析和机器学习算法进行员工行为模式分析、风险评估和福利计划优化。这样可以更准确地预测员工需求和提供个性化的福利与保障服务。

（5）安全与隐私保护。云计算和边缘计算为员工福利与保障的安全及隐私保护提供了强大支持。云计算建立了高级的数据加密、访问控制和身份认证机制，确保数据在传输和存储过程中的安全性。边缘计算技术可以在本地设备上进行数据处理和加密，减少了数据在传输过程中的风险。同时，云计算和边缘计算技术需要遵守相关的法规及隐私保护规定，确保员工的个人信息得到妥善保护。

10.3 数字化员工福利与保障的挑战和机遇

10.3.1 法律与隐私保护问题

在数字化员工福利与保障的变革中，法律和隐私保护问题是需要高度关注和解决的核心议题。以下是与法律和隐私保护相关的五个重要问题：

（1）数据隐私与保护。企业在收集、存储和处理员工的个人数据时，必须遵守适用的数据保护法律和隐私法规，包括明确告知员工数据的收集目的和使用方式，并获得员工的明确同意。企业还应采取合理的技术和组织措施，确保员工数据的安全性和保密性，防止未经授权的访问、使用和泄露。

（2）合规性要求。在设计和实施数字化员工福利与保障方案时，企业必须遵守适用的法律法规要求，包括《中华人民共和国劳动法》《中华人民共和国社会保险法》《中华人民共和国数据安全法》等。企业需要确保福利计划的设计和实施不违反相关规定，保障员工的权益和福利待遇，并避免歧视和不公平对待的行为。

（3）跨境数据传输。如果企业的数字化员工福利与保障涉及跨境数据传输，特别是涉及不同国家或地区的数据流动，必须遵守适用的跨境数据传输规定。不同国家和地区对于跨境数据传输有不同的法律和监管要求，包括数据出境审批、数据安全保护措施和隐私协议等。企业需要了解并遵守相应的规定，以确保合规性和数据安全。

（4）AI 与算法决策的透明性。如果企业在数字化员工福利与保障中使用 AI 与算法决策系统，应确保其透明性和可解释性。员工有权了解系统如何收集和处理数据，并对其做出的决策进行解释。企业应采取适当的措施，确保算法的公正性、可靠性和可解释性，避免不公平的结果和歧视行为。

（5）数据所有权与访问权。员工的个人数据属于个人隐私，企业在收集和处理数据时需要尊重员工的数据所有权和访问权。员工有权了解自己的数据被用于何种目的，并有权访问、更正、删除自己的个人数据。企业应建立适当的数据访问与管理机制，以确保员工能够行使相关权利。

10.3.2 技术实施与系统集成挑战

在数字化员工福利与保障的变革中，技术实施与系统集成是一个重要的挑战，涉及多个方面的复杂性和难点。以下是与技术实施与系统集成相关的五个主要挑战：

（1）多样性的系统与平台。企业通常使用多个系统和平台来管理员工福利与保障事务，如人力资源管理系统、工资与福利系统、保险管理系统等。这些系统往往具有不同的技术架构、数据格式和接口规范，导致系统集成变得复杂。要想有效应对这个挑战，就需要进行系统之间的数据对接和集成开发，以确保数据的准确传递和一致性处理。

（2）数据质量与一致性。数字化员工福利与保障涉及大量的数据收集、存储和处理。确保数据的质量和一致性是关键挑战之一。数据可能来自不同的系统，可能存在重复、冲突、缺失或错误的情况。在技术实施和系统集成过程中，需要进行数据清洗、数据转换和数据校验，以确保数据的准确性和一致性。

（3）安全与数据保护。数字化员工福利与保障涉及与员工有关的大量的敏感数据，如个人身份信息、健康数据和财务信息等。确保数据的安全和保护是关键挑战之一。企业需要采取合适的安全措施，如数据加密、访问控制和安全审计等，以保护数据的机密性和完整性。此外，遵守相关的数据保护法律和隐私法规也是必要的。

（4）系统性能与稳定性。数字化员工福利与保障涉及大量的数据处理和系统交互，对系统性能和稳定性提出了较高的要求。在技术实施和系统集成过程中，企业需要进行系统性能测试和负载测试，以确保系统能够处理大量的并发请求，并保持稳定的运行；同时，还需要建立监控与故障处理机制，及时发现并解决系统故障及性能问题。

（5）用户体验与培训。数字化员工福利与保障系统的成功实施不仅依赖于技术，还需要考虑用户体验和培训。系统应具备友好的用户界面和易用性，使员工能够方便地访问和使用系统。此外，针对员工的培训也是必要的，以确保他们能够充分利用系统的功能和福利服务。

10.3.3　文化与变革管理问题

在数字化员工福利与保障的变革中，文化和变革管理是一个至关重要的方面。企业在实施数字化福利与保障方案时，需要考虑以下五个文化与变革管理问题：

（1）文化转变。数字化福利与保障的实施可能需要企业进行文化转变，包括改变组织中的工作方式、沟通方式和决策方式，以适应新的数字化环境。企业需要鼓励并支持员工接受和适应变化，为其提供培训机会，建立积极的变革文化。

（2）变革沟通。成功的变革管理需要有效的沟通策略和计划。企业需要向员工明确传达数字化福利与保障的目标、意义，解释变革对员工的影响，并及时回应员工的疑虑和问题。沟通应该是双向的，企业应鼓励员工参与和分享意见，增加变革的透明度和可理解性。

（3）变革领导力。数字化福利与保障的变革需要强有力的领导力支持。企业领导层应扮演积极的变革领导者角色，提供明确的愿景和指导，激励员工的参与和支持。领导层还应提供资源和支持，以确保变革的顺利推进，并解决可能出现的问题。

（4）培训和技能发展。数字化福利与保障的实施通常需要员工具备新的技能和知识。企业应提供培训和技能发展机会，帮助员工掌握所需的数字化技术和工具，并适应新的工作方式。此外，企业还应鼓励员工积极学习和勇于创新，促进组织的学习型文化。

（5）变革评估与调整。变革管理是一个持续的过程，需要进行评估和调整。企业应设立指标和评估机制，监测变革的进展和效果，并及时采取调整措施。通过不断的反馈和改进，企业能够更好地应对变革中出现的问题和挑战。

10.3.4 可持续发展与社会责任机遇

数字化员工福利与保障的变革不仅为企业带来了机遇，也提供了实施可持续发展和履行社会责任的平台。以下是可持续发展与社会责任有关的五个主要机遇：

（1）促进员工福利与满意度。数字化员工福利与保障的变革可以提升员工的福利和满意度，增强员工对企业的归属感和忠诚度。通过提供更加个性化、灵活和多样化的福利及保障选择，企业可以满足员工的不同需求和期望，从而提升员工的幸福感和工作效率。

（2）提高员工参与度。数字化福利与保障的实施可以提高员工的参与度。通过数字化平台和工具，员工可以更加方便地参与福利计划的选择和管理，从而了解自己的权益和福利待遇。这种参与度的提升可以促进员工的自主性和责任感，增强员工与企业之间的合作意识和信任感。

（3）降低环境影响。数字化员工福利与保障的变革可以减少传统纸质文件和表格的使用，实现电子化和数字化管理。这有助于降低企业的环境影响，减少资源消耗和碳排放。例如，通过电子化的工资单和福利申请，可以节约纸张与印刷成本，同时减少废物的产生。

（4）数据驱动的决策与优化。数字化员工福利与保障的实施产生了大量的数据，这些数据可以用于数据分析和决策优化。通过对员工福利和保障数据的分析，企业可以更好地理解员工的需求和偏好，优化福利计划的设计和实施。这有助于企业提供更加精准和个性化的福利服务，从而提升员工的满意度和福利水平。

（5）社会责任与品牌形象。数字化员工福利与保障的变革体现了企业的社会责任和可持续发展理念，有助于提升企业的社会声誉和品牌形象。通过提供员工福利和保障的数字化解决方案，企业展现了对员工福利的关注和投入。这对于吸引和留住优秀人才、建立积极的员工关系、吸引投资者和消费者都具有积极的影响。

10.4　数字化员工福利与保障的政策及管理建议

数字化员工福利与保障的变革需要适应相应的法规与政策框架，以保障员工权益和数据安全。以下是一些相关的法规与政策建议：

（1）数据保护与隐私法规。政府应制定和完善相关的数据保护与隐私法规，明确规范员工个人数据的收集、使用、存储和共享等方面内容。这些规定应确保员工数据的安全性和隐私保护，防止滥用和泄露。

（2）员工权益保护。政府应制定相关法规，保障员工的权益和福利，包括规定员工福利的最低标准、福利计划的公平性和透明度，以及禁止任何形式的歧视和不公平对待。

（3）跨境数据流动。针对跨国企业和员工数据的跨境流动，政府应制定相应的法规和政策，确保数据的安全传输和合规性，包括数据传输机制、数据安全标准和合规审查等方面。

（4）健康与福利监管。政府应加强对数字化员工健康与福利的监管，确保福利计划和服务的合法性和合规性。监管机构可以设立指导性框架，提供指导和建议，促进企业的合规运营。

（5）技术标准与认证。政府可以与相关行业组织和标准化机构合作，制定数字化员工福利与保障方面的技术标准和认证体系。这有助于确保数字化系统和平台的安全性、互操作性和可信度，从而提供一致的技术基础和保障。

（6）创新与协同机制。政府可以鼓励和支持企业、学术界、社会团体之间的合作与协同。通过创新与协同机制，可以共同研究和制定数字化员工福利与保障的最佳实践、准则和标准，从而促进可持续发展和共赢。

10.5　本章小结

在数字化员工福利与保障的变革中，企业需要采取有效的管理和实施策略，以确保项目的成功实施和员工的满意度。以下是一些相关的企业管理与实施建议：

（1）制定明确的战略目标。企业应制定明确的战略目标和愿景，明确数字化员工福利与保障的重要性和期望。这些目标应与企业的整体战略和价值观相一致，并充分考虑员工需求、业务目标和可持续发展的要求。

（2）建立跨部门合作与沟通。数字化员工福利与保障的实施需要跨部门的合作与沟通。企业应建立跨部门的项目团队，包括人力资源、技术、法务和财务等部门的代表，确保各部门之间的密切合作和信息共享，以实现项目的顺利推进和综合管理。

（3）进行全面的需求分析。在实施数字化员工福利与保障之前，企业应进行全面的需求分析，包括对员工需求、现有福利计划和系统的评估，以及技术和资源的可行性分析。基于需求分析的结果，企业可以制订适合的数字化方案和实施计划。

（4）选择合适的技术解决方案。企业在选择数字化员工福利与保障的技术解决方案时，应充分考虑系统的功能、安全性、可扩展性和用户体验。选择具有良好声誉和成功案例的供应商，并确保系统能够与现有的技术基础设施和系统集成。

（5）培训和支持员工。数字化员工福利与保障的实施需要员工的参与和支持。企业应提供充分的培训和支持，以确保员工熟悉新系统和工具的使用。培训应包括系统操作指南、在线帮助和定期培训活动等，以提升员工的技能和自信心。

（6）监控和评估成效。企业在实施数字化员工福利与保障后，应设立监控和评估机制，并及时跟踪项目的进展和成效。通过定期的数据分析和用户反馈，企业可以了解系统的使用情况、员工的满意度和福利效果，并及时做出调整和改进。

（7）不断改进与创新。数字化员工福利与保障是一个持续改进和创新的过程。企业应建立反馈机制，鼓励员工提供意见和建议，以及与供应商和行业同行的交流。持续改进和创新可以帮助企业不断提升员工福利和保障水平，以适应变化的需求和技术发展。

11 数字化与企业文化：融合与转型

随着信息技术的快速发展和普及，数字化已经深刻影响了各个行业和组织，企业文化也面临了前所未有的机遇和挑战。本章将探讨数字化对企业文化的影响以及如何将数字化与企业文化融合，以实现企业的创新和转型。

11.1　研究背景

数字化和企业文化是当今企业发展中的两个重要议题。数字化的兴起为企业带来了新的发展机遇和挑战，而企业文化作为企业的核心价值和行为准则，对数字化的应对和转型起到了重要的引领作用。

11.2　数字化的兴起带来的机遇和挑战

数字化革命已经改变了企业经营的方式和市场竞争的格局，它为企业带来了许多机遇，包括新的商业模式，数字化技术推动了新的商业模式的出现，如共享经济、电子商务平台等，为企业创造了新的盈利机会；数据驱动决策，企业可以通过数字化工具和大数据分析来获取更多的数据，从而更好地了解市场、客户需求和业务运营情况，做出更明智的决策；拓展全球市场，数字化技术使企业能够更容易地拓展全球市场，跨越地域限制，吸引更广泛的客户群体。

然而，数字化也带来了一些挑战：在技术投资和培训方面，数字化转型需要企业进行技术设备和系统的投资，并进行员工培训，以适应新的工作方式和技术应用；从安全及隐私问题的角度来看，随着企业数字化程度的提高，安全及隐私问题变得更加重要。企业需要采取适当的安全措施来保护客户数据和敏感信息；从组织架构和文化调整上看，数字化转型需要企业对组织架构和文化进行调整，以适应新的业务需求和工作流程，这可能带来一定的挑战和阻力。

11.3 企业文化对数字化转型的引领作用

企业文化是企业的核心价值观和行为准则，它对数字化转型起着重要的引领作用，包括创新和敏捷性、开放和协作、学习和发展、接受变革和风险、客户导向、领导力和沟通力六个方面。

（1）创新和敏捷性。企业文化鼓励创新和敏捷性，可以激励员工尝试新的数字化技术和工具，并快速适应变化的市场环境。

（2）开放和协作。积极的企业文化鼓励员工之间的开放沟通和协作，促进知识共享和跨部门合作，有利于数字化转型中的信息流动和团队合作。

（3）学习和发展。企业文化应该鼓励学习和发展的氛围，让员工有机会不断学习和提升自己的数字化技能和知识，以适应数字化转型的需求。

（4）接受变革和风险。企业文化应该培养员工对变革的接受能力和勇于承担风险的精神，使他们能够积极参与数字化转型，并愿意尝试新的创新解决方案。

（5）客户导向。积极的企业文化应该以客户为中心，强调为客户提供更好的数字化体验和解决方案，从而促使企业在数字化转型中更好地满足客户需求。

（6）领导力和沟通力。企业文化应该培养良好的领导力和沟通力，使领导者能够有效地引导数字化转型，并与员工进行积极的沟通和反馈。

数字化和企业文化之间存在着密切的相互关系。一个积极、适应性强的企业文化有助于推动数字化转型，而数字化转型也会对企业文化产生影响。成功的数字化转型需要企业在技术、组织和文化方面取得平衡，以确保数字化能够成为企业发展的重要驱动力。因此，企业在进行数字化转型时应重视企业文化的建设和发展，将数字化与企业文化相结合，形成良好的互动和相互支持，以实现持续的创新和发展。

11. 4　研究目的和意义

本章的研究目的和意义即探讨数字化对企业文化的影响，并提出如何将数字化与企业文化融合，以帮助企业实现创新、转型和适应数字化时代的需求。这对于企业实现创新和转型，以及适应数字化时代的需求具有重要的意义。

具体而言，本章将关注以下四个方面：

（1）数字化对企业文化的影响。通过分析数字化对企业运营和商业模式的影响，探讨数字化如何改变企业文化中的价值观、行为准则和组织结构。研究数字化如何促进企业文化中的创新、敏捷性和客户导向，以及数字化对员工角色和技能要求的影响。

（2）数字化与企业文化的融合。探讨如何在数字化转型过程中将企业文化与数字化战略相融合，以实现战略一致性和协同效应，分析成功案例，研究在数字化转型中如何培育和发展积极的企业文化，以支持创新、协作和学习。

（3）创新和转型的重要性。强调数字化对企业创新和转型的重要性，以应对日益复杂和竞争激烈的商业环境，探讨数字化如何推动企业文化中的变革和风险承担，以实现持续的创新和业务增长。

（4）适应数字化时代的需求。分析数字化时代对企业的新需求和挑战，如客户体验、数据驱动决策和灵活性等，以及企业文化在满足这些需求方面的作用，提出建议和实践方法，帮助企业在数字化时代适应变化、提高竞争力，并实现组织的可持续发展。

通过研究数字化对企业文化的影响以及如何融合数字化与企业文化，本章旨在为企业提供重要的见解和指导，帮助它们在数字化时代实现成功的创新和转型。

11.5　数字化对企业文化的影响

11.5.1　数字化的定义和特点

本章将对数字化进行定义并介绍数字化的特点，以便更好地理解其对企业文化的影响。

11.5.1.1　数字化的定义

数字化是指将信息、数据、内容和活动转化为数字形式的过程。它涵盖了广泛的领域，包括技术、商业、社会和文化等方面。数字化的核心是将模拟信号或实体转换为数字表示，以便存储、处理、传输和呈现。在商业环境中，数字化是指将企业的业务过程、产品和服务转化为数字形式，利用数字技术和工具进行管理、交流和交易。数字化包括了使用计算机、互联网、移动设备和软件等技术来处理信息、自动化任务和创造价值。

11.5.1.2　数字化的重要特点

数字化具有以下重要特点，这些特点对于理解数字化对企业文化的影响至关重要：

（1）数字化的可编码性。数字化将信息、数据和内容转化为可编码的数字形式，使其可以通过计算机和数字系统进行处理和操作。这种可编码性使得信息的存储、传输和重现变得更加高效和灵活。

（2）数字化的可复制性。数字化的信息可以通过复制和传输进行无损的复制。相同的数字内容可以轻松地在不同的位置和时间进行复制、分发，从而实现信息共享和广泛传播。

（3）数字化的可处理性。数字化的数据和信息可以进行精确的处理和分析。通过使用数字工具和算法，我们可以对大规模数据进行快速的搜索、排序、过滤和计算，从中提取有价值的洞见和决策支持。

（4）数字化的互联性。数字化使得信息和系统之间的互联变得更加便捷和无缝。通过互联网和网络技术，不同的数字系统和应用可以实现实时的数据交换和集成，从而促进协同工作和跨部门合作。

（5）数字化的创新性。数字化催生了新的商业模式、产品和服务。它为企业创造了更多的创新机会，如电子商务、共享经济、人工智能和物联网等领域的发展。

通过理解数字化的定义和特点，我们可以更好地把握数字化对企业文化的影响。数字化改变了信息处理和传递的方式，对企业的组织结构、价值观和行为准则产生了深远的影响。在数字化时代，企业需要适应和引领数字化的发展，以更好地应对挑战、抓住机遇。

11.5.2　数字化对组织结构的影响

数字化为组织结构带来了新的变革，本节将分析数字化对组织结构的影响，包括分布式团队和虚拟协作、扁平化管理和去中心化决策等方面的变化。

数字化的兴起对组织结构带来了深刻的影响，推动了许多变革和转型。数字化对组织结构的影响有以下五个方面：

（1）分布式团队和虚拟协作。数字化技术使得跨部门和跨地域的协作变得更加便捷和实时。组织可以建立分布式团队，以吸引和管理远程员工，并利用协作工具和平台进行虚拟协作。这种分布式团队和虚拟协作的方式突破了传统的地理限制，提高了灵活性和效率。

（2）扁平化管理和去中心化决策。数字化使信息流动更加快速和透明，使得组织内部的决策可以更加去中心化。扁平化管理模式取代了传统的层级结构，促进了更快速的决策和更灵活的组织反应。员工参与度提高，更多的决策权下放到各个层级和团队，提高了组织的敏捷性和创新能力。

（3）数据驱动的决策和组织优化。数字化提供了大量的数据和分析工具，使组织能够基于数据做出更加准确和明智的决策。组织可以利用数据分析来评估绩效、优化业务流程，并进行组织结构的优化和改进。数据驱动的决策和组织优化可以提高效率和效益。

（4）灵活的工作方式和弹性就业。数字化使得工作方式更加灵活，如远程办公、弹性工作时间等。员工可以更好地平衡工作和生活，提高工作满意度和员工忠诚度。同时，数字化也催生了新的经济发展模式——弹性就业模式，如共享经济和自由职业者的兴起。

（5）人才需求和培养的变化。数字化对组织的人才需求提出了新的挑战。组织需要拥有数字化技能与知识的员工，能够应对数字化转型的需求。数字化还推动了终身学习的理念，组织需要持续培养和发展员工的数字化能力，以适应快速变化的数字化环境。

综上所述，数字化为组织结构带来了许多变化和机会。组织需要适应和引领数字化的发展，以便更好地利用数字化技术和创新，提高组织的灵活性、效率和竞争力。数字化推动了组织结构的分布式团队和虚拟协作，促使扁平化管理和去中心化决策的模式出现。同时，数据驱动的决策和组织优化成为可能，灵活的工作方式和弹性就业模式也得以实现。然而，数字化也带来了新的挑战，包括人才需求和培养的变化，以及组织文化的调整和管理。因此，组织应该积极应对数字化的变革，制定合适的战略和措施，以确保数字化与企业文化相融合，并在数字化时代取得成功。

11.5.3　数字化对员工行为和价值观的影响

数字化对员工的行为和价值观产生了深远的影响，本节将探讨数字化对员工的工作方式、协作能力和职业发展的影响。数字化对员工的行为和价值观产生了广泛的影响。数字化对员工工作方式、协作能力和职业发展的主要影响包括以下五个方面：

（1）工作方式变革，体现出更多的灵活性。数字化技术使得员工可以更加灵活地处理工作任务，他们可以利用各种工具和应用程序，在任何时间和地点访问工作文件和信息，从而实现远程工作和弹性工作安排。这种灵活性使员工能够更好地平衡工作和生活，提高工作效率和满意度。

（2）协作能力得到了提升。数字化工具和平台促进了员工之间更好地协作和沟通。员工可以通过电子邮件、即时消息、在线会议和协作工具共享信息、讨论项目，并实时协作完成任务。这种实时协作能力提高了团队合作效率，促进了知识共享和创新。

（3）技能需求对员工产生了新的要求。数字化转型要求员工具备更多的技术和数字化能力。员工需要适应新的工具和技术，学会使用数据分析、云计算、人工智能等数字化工具来支持他们的工作。这也意味着员工需要不断学习和更新自己的技能，以适应数字化时代的变化。

（4）提供了新的职业发展机会。数字化创造了新的职业发展机会和工作角色。例如，数据科学家、数字营销专家、信息安全专家等职位的需求不断增长。员工可以通过学习和发展数字化技能，进一步提升自己的就业竞争力。

（5）价值观不断地发生演变。数字化时代的员工更加注重创新、灵活性和工作满意度，他们希望在工作中有更多的自主权和参与度，追求有意义和有挑战性的工作。数字化还加强了员工对数据隐私和信息安全的关注，他们更加重视保护个人隐私和数据安全。

总体而言，数字化对员工行为和价值观的影响是积极的，提供了更多的工作灵活性、协作机会和职业发展前景。然而，员工也需要不断适应和学习新的技能，以应对数字化转型带来的变化。组织应该为员工提供培训和发展的机会，帮助他们适应数字化时代的工作要求。

11.5.4　数字化对沟通与协作的影响

数字化技术为企业的沟通与协作提供了全新的方式和工具，本节将探讨数字化对企业沟通与协作模式的改变，并分析其对企业文化的影响。

数字化对企业沟通与协作产生了深远的影响，主要体现在以下五个方面：

（1）实时和远程沟通。数字化技术使得员工可以通过电子邮件、即时消息、在线会议和视频通话等方式进行实时沟通。无论员工身处何地，他们可以随时与同事、合作伙伴和客户进行沟通和交流。这种实时沟通和远程沟通的能力促进了跨地域团队的协作，提高了工作效率和反应速度。

（2）提供了虚拟协作工具。数字化工具和平台提供了多种协作工具，如在线文档共享、项目管理软件、团队协作平台等。员工可以在同一平台上共享文件、编辑文档、跟踪任务进度，并实时协同工作。这种虚拟协作工具促进了团队之间的信息共享、协同工作和知识管理。

（3）透明度和可访问性明显提升。数字化沟通与协作工具使得信息更加透明和可访问。员工可以轻松获取和分享信息，了解公司的战略、目标和重要更新。这种透明度促进了员工之间的合作和对组织目标的理解，增强了团队凝聚力。

（4）多元文化和跨文化沟通在企业内的地位越来越重要。数字化技术打破了地域和文化的限制，使得多地点和跨文化团队更容易进行沟通和协作。员工可以通过在线平台交流、合作，增进跨文化理解、分享经验与知识，并促进全球化业务的发展。

（5）对企业文化的影响深远。数字化沟通和协作方式对企业文化产生了显著影响，它鼓励开放、透明和快速反馈的文化氛围。员工可以更容易地与高层管理层和同事进行交流和互动，从而打破了传统的层级沟通障碍。此外，数字化工具也促进了员工的参与和合作，激发了团队的创新合作精神。

总的来说，数字化为企业沟通与协作带来了许多积极的变化，提高了协作效率、促进了跨地域和跨文化团队的合作，以及塑造了开放和透明的企业文化。然而，组织在数字化沟通和协作中也需要注意信息安全和隐私保护的问题。随着数字化工具的广泛应用，保护敏感信息和数据安全变得尤为重要。组织应该采取必要的安全措施，确保数字化沟通和协作的安全性，并遵守相关的法律法规和隐私政策。

此外，数字化沟通和协作也可能导致信息过载和沟通失真的问题。由于信息的快速传递和大量的信息流动，员工可能会面临信息过载的困扰，难以筛选和处理大量的信息。此外，缺乏面对面的交流可能导致信息理解的偏差和沟通误解。组织应该提供培训和指导，帮助员工有效处理信息，并提高沟通力和理解力。

总而言之，数字化为企业的沟通与协作带来了许多机会和挑战。通过充分利用数字化工具和平台，组织可以促进实时沟通和远程沟通，加强团队协作，提高工作效率和灵活性。然而，组织也需要关注信息安全和隐私保护的问题，积极应对信息过载和沟通失真的挑战。适应和管理这些变化，将有助于组织充分发挥数字化技术在沟通与协作中的优势。

11.5.5　数字化对领导力和管理方式的影响

数字化对领导力和管理方式提出了新的要求，本节将探讨数字化对领导力和管理方式的影响，并提出适应数字化时代的领导力和管理策略。

数字化对领导力和管理方式产生了重大影响，主要涉及以下五个方面：

（1）具有扁平化组织结构。数字化时代的组织趋向于扁平化结构，减少了层级和冗余的管理。数字化工具和平台使得信息可以更快速地在组织内部流动，员工可以直接参与决策和项目，并与管理层进行更加直接的沟通。因此，领导者需要适应这种扁平化的组织结构，鼓励员工参与决策、增强自主性，以激发团队创新与合作。

（2）强调沟通透明度。数字化技术加强了沟通的重要性。领导者需要借助数字化工具和平台，建立开放、透明的沟通渠道，与员工保持密切联系，并分享组织的战略、目标和重要信息。通过有效的沟通，领导者能够增强员工参与感和团队凝聚力，促进合作和创新。

（3）跨地域、跨文化沟通对领导提出挑战。数字化时代的领导需要处理跨地域和跨文化团队的挑战。数字化技术使得远程团队合作成为可能，领导者需要具备跨文化沟通和协作的能力，了解不同文化背景下的工作习惯和价值观。适应跨地域和跨文化领导的领导者能够有效地管理全球化业务，并促进团队的多样性和包容性。

（4）数据驱动将会帮助领导者做出更科学的决策。数字化时代的组织产生了大量的数据，领导者需要具备数据驱动决策的能力。他们需要学会收集、分析和利用数据，以获得洞察力和预测能力。数据驱动决策可以帮助领导者更好地理解组织绩效和市场趋势，以优化运营和战略规划。

（5）帮助员工构建其职业生涯发展规划。数字化时代的领导者应该关注员工的发展和学习。他们需要提供培训与发展机会，帮助员工适应数字化技术的变化，并发展所需的技能。此外，领导者还应鼓励员工不断学习和创新，以适应快速变化的数字化环境。

总而言之，数字化对领导力和管理方式提出了新的要求。适应数字化时代的领导者需要具备开放的沟通能力和透明度、扁平化的组织结构、跨文化和跨地域领导能力，以及数据驱动决策和关注员工发展的能力。通过积极应对这些影响，领导者可以更好地适应数字化时代的挑战，推动组织的创新和成功。

11.6　企业文化与数字化融合的理论框架

11.6.1　企业文化的定义和要素

企业文化是指企业内部所形成的一种共同的价值观、信念、行为规范和行为模式。它包括企业的核心价值观、企业的使命和愿景、员工的行为准则以及企业的传统和习惯等要素。在数字化时代，企业文化需要适应新的技术与业务环境，注重创新、协作和灵活性。

企业文化是指在一个组织内部形成的一套共同的价值观、信念、行为规范和行为模式，它对组织成员的行为和决策产生着重要的影响。企业文化可以塑造组织的身份认同，引导员工的行为和决策，以及影响组织的绩效和成功。

企业文化的要素可以涵盖以下四个方面：

（1）核心价值观和信念。企业的核心价值观是指组织所倡导的最重要的原则和信念。它们代表了组织的核心理念和道德准则，并对员工的行为和决策产生指导作用。核心价值观和信念通常由企业的创始人或高层领导确定，并在整个组织中传播和弘扬。

（2）使命和愿景。企业的使命是组织的宗旨和目标，它描述了企业的存在意义和所追求的目标。愿景则是对未来的愿景和期望，描绘了企业希望达到的理想状态。使命和愿景是企业文化的重要组成部分，它们激励和引导员工为实现组织的长远目标而努力。

（3）行为规范和行为模式。企业文化中的行为规范是指组织所倡导的员工行为的准则和期望。它们包括诚信、团队合作、客户导向、创新等方面的要求。行为规范指导员工的行为和决策，帮助企业建立良好的工作氛围和积极的组织文化。

（4）传统和习惯。企业的传统和习惯是指组织内部形成的一套习俗、做事方式和惯例。它们可能是源自组织的历史和经验，代表了组织的独特特点和文化传承。传统和习惯对组织的行为模式和组织成员的行为习惯产生影响，塑造了组织的特色和个性。

在数字化时代，企业文化需要适应新的技术与业务环境。企业文化应注重创新、协作和灵活性，鼓励员工积极适应并应用新技术，推动创新和变革。此外，数字化时代强调跨团队和跨地域的协作，企业文化应鼓励员工之间的合作和团队精神，还应该鼓励员工在数字化工具和平台上进行知识共享和协作，以促进信息的流动和跨部门的合作。

另外，数字化时代还对企业文化提出了创新及适应性、员工参与和价值认同、学习和发展以及持续改进的要求，具体如下：

（1）创新及适应性。数字化时代的快速变化和不断涌现的新技术要求企业具备创新及适应性。企业文化应鼓励员工敢于尝试新想法、推动创新，并对变化保持积极的态度。它应该为员工提供实践和学习的机会，营造一个容错和鼓励创新的环境。

（2）员工参与和价值认同。数字化时代的企业文化应该鼓励员工参与决策和项目，让他们感受到自己的意见和贡献被重视。员工参与可以提高工作的满意度和归属感，并激发员工的创造力和动力。

（3）学习、发展及持续改进。数字化时代的企业文化应该鼓励员工不断学习和发展。企业可以提供培训与学习机会，支持员工不断提升自己的技能和知识，以适应快速变化的技术与业务需求。数字化时代要求企业不断改进并优化业务流程和工作方式。企业文化应鼓励员工积极参与持续改进的活动，推动组织的效率和质量提升。

企业文化在数字化时代需要适应新的技术与业务环境，它应注重创新、协作和灵活性，鼓励员工积极适应并应用新技术，推动创新和变革。同时，企业文化还应强调员工参与、学习和持续改进，以保持组织的竞争优势、提高其适应能力。

11.6.2 数字化与企业文化的关系

数字化与企业文化之间存在着密切的关系。数字化技术的引入和应用会对企业文化产生影响，同时企业文化也会对数字化的推进和应用起到重要的引导作用。数字化可以促进企业文化的传播和共享，同时企业文化也需要适应数字化时代的要求，如强调创新、敏捷和协作。

11.6.3 企业文化与数字化融合的意义和目标

企业文化与数字化融合的意义在于将数字化技术和企业文化有机结合，形成一种相互促进、相互支持的关系，以实现企业的创新和转型。融合的目标包括：加强数字化对企业文化的支持与引领作用，推动企业文化的数字化转型，构建数字化时代的协作文化和创新文化，提升企业的适应性和竞争力。

企业文化与数字化融合的意义在于创造一个有利于数字化时代发展的文化环境，并使企业文化成为数字化转型的推动力量。企业文化与数字化融合具有以下重要意义：

（1）能够强化数字化对企业文化的支持与引领作用。通过将数字化技术与企业文化相结合，组织可以更好地支持和实现企业文化中的核心价值观及行为规范。数字化技术可以为员工提供工具和平台，帮助他们更好地理解并践行企业文化，将其融入日常工作中。数字化可以成为企业文化的扩展和延伸，使其更加深入和广泛地影响组织的各个层面。

（2）极大地推动企业文化的数字化转型。数字化时代的到来要求企业文化进行数字化转型，以适应新的技术与业务环境。通过数字化融合，可以促进企业文化的数字化转型，并将数字化技术融入文化建设的方方面面。例如，利用数字化工具和平台，可以更好地传播和弘扬企业的核心价值观及使命，加强员工之间的沟通和合作，以及实现企业内部的知识共享和学习。

（3）构建了数字化时代的协作文化和创新文化。数字化技术提供了协作和创新的新机会，企业文化应与数字化技术相结合，培养和推动协作文化与创新文化的发展。通过数字化工具和平台，员工可以跨时区、跨地域进行协作，促进团队合作和知识共享。同时，数字化技术也可以激发员工的创新能力，为他们提供创新的平台和资源，从而推动组织的创新发展。

（4）切实提升组织的弹性和竞争力。数字化时代变化快速，企业需要具备高度的适应性和灵活性。企业文化与数字化的融合可以帮助组织更好地适应并应对变化。通过数字化融合，可以加强员工的学习能力和自主性，培养他们对新技术和业务的适应能力。同时，数字化技术也可以提供数据并获取洞察力，帮助企业更好地理解市场和客户需求，优化决策和战略规划，提升企业的竞争力。

综上所述，企业文化与数字化融合的目标包括以下四个：

（1）通过数字化技术，将企业文化的核心价值观、行为规范和行为模式更好地传达和弘扬。数字化工具和平台可以帮助企业在全员范围内分享和推广企业文化的内容，加强员工对文化的理解和认同。

（2）数字化时代的到来要求企业进行数字化转型，包括业务流程的数字化、信息化和智能化。企业文化应与数字化转型相结合，以推动和支持数字化转型的实施。数字化技术可以帮助企业更高效地管理及执行任务，以促进创新和变革。

（3）数字化技术提供了协作和创新的机会，企业文化应倡导和鼓励员工之间的协作精神和创新精神，培育协作与创新文化。通过数字化工具和平台，员工可以实现跨团队、跨部门的协作，共同解决问题和创造价值。数字化技术也可以激发员工的创新能力，提供创新的平台和资源。

（4）提升企业的适应性和竞争力。数字化时代变化迅速，企业需要具备高度的适应性和灵活性。通过企业文化与数字化融合，企业可以培养员工的学习能力和适应能力，使其能够快速适应新技术和新业务要求。同时，数字化技术也可以提供数据、获取洞察力，从而帮助企业更好地理解市场和客户需求，优化决策和战略规划，提升竞争力。

总之，企业文化与数字化的融合可以促进企业的创新和转型，构建适应数字化时代的协作和创新文化，并提升自身的适应性和竞争力。

11.6.4　构建企业文化与数字化融合的理论框架

构建企业文化与数字化融合的理论框架需要考虑多个方面：一是明确企业的核心价值观和使命，将其与数字化战略相结合，以确保数字化的推进与企业文化的一致性；二是建立开放和创新的企业文化，鼓励员工积极参与数字化创新和变革，提升组织的创新能力；三是加强数字化技术的培训和学习，使员工具备数字化时代所需的技能和知识，提升数字化技术的应用水平；四是倡导协作与共享的文化，促进部门之间和员工之间的合作与沟通，实现信息的共享和协同工作；五是建立适应快速变化的文化，鼓励员工适应并应对数字化时代的变化，培养持续学习与适应能力；六是打造数字化驱动的领导力和管理模式，引领数字化转型并推动企业文化的数字化融合；七是建立测量和评估机制，监测数字化融合对企业文化的影响和成效，并进行持续改进和调整。

通过以上理论框架的构建，企业可以更好地理解数字化与企业文化之间的关系，明确数字化与企业文化融合的目标和意义，并制定相应的策略和行动计划来实现数字化转型、提升企业文化的适应性。这将有助于企业在数字化时代保持竞争优势、创造价值，并实现可持续发展。

构建企业文化与数字化融合的理论框架需要综合考虑以下八个方面：

（1）明确企业的核心价值观和使命，并将其与数字化战略相结合，以确保数字化的推进与企业文化的一致性。数字化战略应该是支持并实现企业核心价值观和使命的重要手段及方式。

（2）建立开放和创新的企业文化，鼓励员工积极参与数字化创新和变革，以提升企业的创新能力。企业应提供创新的环境和机制，鼓励员工提出新想法、尝试新方法，并支持他们在数字化领域的实践和探索。

（3）加强数字化技术的培训和学习，使员工具备数字化时代所需的技能和知识，提升数字化技术的应用水平。企业可以提供培训课程、在线学习平台和知识分享机制，帮助员工不断提升数字化技术的能力和应用水平。

（4）倡导协作与共享的文化，促进部门之间和员工之间的合作与沟通，实现信息的共享和协同工作。数字化技术提供了便捷的协作工具和平台，企业应鼓励员工积极使用这些工具，加强团队合作和跨部门协同。

（5）建立具有弹性的文化，鼓励员工快速适应和应对数字化时代的变化，培养持续学习与适应能力。企业应提供学习和发展的机会，支持员工不断更新知识和技能，以适应快速变化的数字化环境。

（6）打造数字化驱动的领导力和管理模式，引领数字化转型并推动企业文化的数字化融合。领导者应具备数字化时代所需的领导能力和视野，能够理解并应用数字化技术，引领企业朝着数字化转型的方向前进。

（7）建立测量和评估机制，监测数字化融合对企业文化的影响和成效，并进行持续改进。企业可以设立关键绩效指标来评估数字化融合对企业文化的影响，如员工满意度调查、数字化技术应用效果评估等。企业通过监测结果可以发现问题和改进的空间，并根据反馈进行调整和优化，以不断提升企业文化与数字化融合的效果。

（8）构建企业文化与数字化融合的理论框架需要考虑企业价值观和使命、创新文化、技能培训与学习、协作与共享、适应变化的文化塑造、数字化驱动的领导力和管理模式，以及监测与持续改进等方面。这些方面的综合考虑和实践将有助于企业有效实现数字化转型，并使数字化与企业文化相互促进、相互支持，从而为企业的发展提供持续动力。

11.7 数字化企业文化创新发展

11.7.1 数字化对传统企业文化的挑战

数字化对传统企业文化带来了以下挑战：

（1）价值观的碰撞。数字化时代的价值观可能与传统企业文化存在差异，如对创新、快速决策和风险承担的态度。

（2）组织结构的变革。数字化推动了组织结构的扁平化和分布式团队的形成，这对传统的层级体系和权威管理方式构成了挑战。

（3）沟通与协作的变化。数字化技术改变了沟通和协作的方式，传统的面对面交流可能不再适应数字化时代的需求。

（4）领导力与管理方式的转变。数字化要求领导者具备数字化技术的理解与应用能力，以及促进创新和变革的领导能力。

（5）技能需求的改变。数字化技术的兴起催生了对新的技能和知识的需求，传统企业文化可能需要调整以适应这些变化，并培养员工具备数字化时代所需的技能。

（6）竞争压力的增加。数字化技术使得市场竞争更加激烈，传统企业文化可能需要更高的灵活性和适应性来应对竞争压力。

（7）数据驱动的决策。数字化时代强调数据驱动的决策，这对传统企业文化中基于经验和直觉的决策方式构成了挑战。

（8）员工期望的改变。新一代员工更加习惯于数字化工具和平台的使用，他们可能期望在工作中能够充分利用数字化技术，这与传统企业文化中的工作方式和流程产生冲突。

这些挑战要求传统企业文化进行调整和变革，以适应数字化时代的需求。企业需要重新审视和梳理自身的价值观及使命，与数字化发展相结合，并重新定义领导力和管理方式，鼓励创新和变革。此外，企业还应该注重培养员工的数字化技能，提供必要的培训与学习机会，以适应数字化时代的工作要求。通过应对这些挑战，传统企业文化可以与数字化发展相融合，以实现数字化转型，并保持竞争优势。

11.7.2 数字化带来的新机遇与变革

数字化也带来了一系列新的机遇和变革，包括：数字化技术为企业创新提供了新的机会，如通过大数据分析、人工智能和物联网等技术实现产品和服务的创新；数字化工具和平台促进了部门之间和员工之间的协作与知识共享，提高了工作效率和团队合作能力；数字化时代赋予员工更多的参与权和自主权，激发了员工的创造力和创新能力；数字化技术使企业能够更好地了解客户需求，从而提供个性化的产品和服务，增强客户体验感，提升其满意度；数字化技术提供了大量的数据和分析工具，以帮助企业进行数据驱动的决策和业务优化，提高效率和效益；数字化技术打破了地域限制，使企业能够进入新兴市场，并实现全球化经营；数字化技术带来了与客户更紧密的联系和互动，通过社交媒体、在线平台和移动应用等渠道与客户进行沟通和交流，提高品牌忠诚度和客户参与度；数字化技术的应用可以提高企业的运营效率以及降低成本，如自动化流程、数字化档案管理和远程办公等；数字化技术为企业提供了探索新业务模式的机会，如共享经济、在线平台和数字化创意产业等，从而为企业带来新的收入来源和盈利模式。

通过这些机遇和变革，企业可以在数字化时代实现创新和发展，提高竞争力，并与数字化技术相融合，实现可持续的业务增长。

11.7.3 如何应对数字化带来的挑战和抓住机遇

应对数字化带来的挑战和抓住机遇需要企业采取以下措施：

（1）重新审视和调整企业文化。企业需要重新审视现有的企业文化，并适应数字化时代的要求；要培养开放、创新和协作的文化，鼓励员工积极参与数字化创新和变革，提升组织的适应能力。

（2）投资数字化技术和能力培养。企业应积极投资数字化技术，建设数字化基础设施，并培养员工的数字化技能和知识；提供培训和学习的机会，帮助员工适应数字化时代的工作要求。

（3）推动组织结构的变革。数字化推动了组织结构的变革，企业需要调整和优化组织结构，以实现更加扁平化、灵活和分布式的团队合作；采用灵活的管理方式，鼓励员工的自主性和创造力。

（4）加强数据驱动的决策和业务优化。利用数字化技术提供的数据和分析工具，企业可以进行数据驱动的决策和业务优化。企业要加强数据分析能力，深入了解市场和客户需求，从而优化产品和服务，提高效率和效益。

（5）建立创新和合作的生态系统。企业要与外部创新伙伴建立合作关系，共同推动创新和数字化转型；加强与初创企业、科技公司和行业生态系统的合作，共享资源和知识，实现创新的互补和共赢。

（6）提升客户体验和参与度。企业要利用数字化技术改善客户体验，提供个性化的产品和服务；积极参与客户的互动和反馈，建立良好的客户关系，提高品牌忠诚度。

（7）持续学习和适应能力的培养。数字化时代变化快速，企业需要培养员工的持续学习与适应能力，为其提供学习和发展的机会，鼓励员工不断更新知识、提高技能，以适应数字化时代的新要求。

通过这些措施，企业可以适应数字化时代的变化，应对挑战并抓住机遇。这些举措涵盖了企业文化的调整、技术投资和培训、组织结构的变革、数据驱动的决策、创新合作的生态系统、客户体验的改善以及员工持续学习和适应能力的培养。实施这些措施将有助于企业在数字化时代中保持竞争力和可持续发展。

11.8 数字化与企业文化融合的实践案例分析

11.8.1 具有成功融合的企业案例分析

11.8.1.1 谷歌（Google）

谷歌是一个以数字化为核心的科技公司，成功地将数字化与企业文化融合在一起。谷歌的企业文化强调创新、开放和员工参与，与数字化时代的价值观相契合。谷歌鼓励员工参与创新项目，提供创新的工作环境和资源支持，还通过开放的沟通和协作文化促进员工之间的合作和知识共享。谷歌的领导层注重数字化技术的应用和发展，积极推动数字化转型，并为员工提供持续学习和发展的机会。谷歌的成功融合案例表明，通过将数字化与企业文化紧密结合，企业可以在数字化时代实现创新和竞争优势。

11.8.1.2 亚马逊（Amazon）

亚马逊是一家全球性的电子商务和云计算公司，在数字化与企业文化的融合方面取得了成功。亚马逊的企业文化注重创新、顾客至上和快速决策。它们将数字化技术应用于供应链管理、物流和客户体验等方面，以提供个性化和更便捷的服务。亚马逊鼓励员工积极参与创新和提出新想法，通过开放的沟通和协作平台促进团队合作。亚马逊的成功融合案例表明，数字化可以为企业带来新的机遇和竞争优势，但也需要有适应数字化的企业文化和价值观。

11.8.2 存在挑战的企业案例分析

11.8.2.1 传统银行业

传统银行业面临数字化时代的挑战。由于传统银行的组织结构和管理方式相对保守，数字化转型进展缓慢。传统银行的企业文化注重稳定性、合规性和安全性，与数字化时代的灵活性和创新性存在差异。传统银行需要面对数字化科技公司的竞争，因此要提升数字化技术应用能力，调整组织结构和文化，以适应数字化转型的挑战。

11.8.2.2 零售业

零售业也面临着数字化带来的挑战。传统零售商需要应对电子商务的竞争，提供线上、线下一体化的购物体验。然而，一些传统零售商在数字化与企业文化融合方面面临挑战，包括组织结构僵化、文化转变困难等。此外，数字化转型还需要投资大量的资金、投入更多的资源，并面临技术更新和变革的压力。这些挑战使得一些传统零售商在数字化时代难以保持竞争力。

11.8.3 案例分析总结和启示

通过对具有成功融合的企业案例和存在挑战的企业案例进行分析，我们可以得出以下启示：

成功融合的企业案例表明，将数字化与企业文化紧密结合是实现数字化转型的关键。企业既需要调整并塑造企业文化，以适应数字化时代的价值观和工作方式，也要强调创新、开放和员工参与是数字化与企业文化融合的重要方面。企业应鼓励员工参与创新项目、提出新想法，并通过开放的沟通和协作文化促进团队合作和知识共享。

数字化转型需要领导层的积极推动和数字化技术的应用和发展。领导层应具备数字化技术的理解能力和应用能力，为员工提供持续学习和发展的机会。存在挑战的企业案例表明，传统行业面临数字化时代的转型难题。这些企业需要调整组织结构和文化，提升数字化技术应用能力，并面对数字化科技公司的竞争。数字化转型需要投资大量的资金和资源，并面临技术更新和变革的压力。企业需要制定清晰的数字化战略，并持续关注市场和技术的变化。

数字化与企业文化的融合是企业在数字化时代成功的关键因素。通过借鉴成功融合的企业案例和应对挑战的经验，企业可以更好地应对数字化带来的机遇和挑战，实现可持续发展。通过合理调整企业文化、投资数字化技术和培养员工能力，企业能够在数字化转型中保持竞争优势，并顺利适应快速变化的市场环境。

11.9 数字化与企业文化融合的关键要素和策略

11.9.1 具有成功融合的关键要素分析

成功将数字化与企业文化融合的关键要素包括以下四个：
（1）领导力的支持。企业领导层的积极支持是数字化与企业文化融合的关键要素之一。领导者应该具备数字化技术的理解能力和应用能力，并在组织内传递数字化转型的重要性和价值观。他们应该成为数字化的倡导者，为员工树立榜样，并推动组织的数字化转型。

（2）文化的调整与创新。成功融合数字化和企业文化需要对企业文化进行调整和创新。企业应审视现有的文化价值观和行为规范，以适应数字化时代的要求。企业要营造开放、创新和协作的文化氛围，鼓励员工参与数字化创新和变革。

（3）员工参与和培训。员工的参与和培训是成功融合的关键要素之一。企业应该鼓励员工积极参与数字化转型，并提供培训和学习的机会，以帮助员工适应数字化时代的工作要求。员工需要具备数字化技能和知识，以更好地应对数字化带来的挑战和机遇。

（4）技术基础设施和数字化工具。构建数字化和企业文化融合需要适当的技术基础设施和数字化工具的支持。企业应投资数字化技术，建设数字化基础设施，以支持数字化转型和促进文化融合。数字化工具和平台可以促进沟通、协作和知识共享，从而提高工作效率和团队合作能力。

11.9.2　构建数字化和企业文化融合的策略

为了构建数字化和企业文化的融合，企业可以采取以下策略：

（1）明确数字化转型的目标和愿景。企业应明确数字化转型的目标和愿景，以确定数字化对企业文化的影响和融合的方向。这将为企业提供一个明确的指导框架，从而确保数字化和企业文化的一致性。

（2）建设开放和创新的文化。企业应培养开放和创新的文化，鼓励员工参与数字化创新和变革；为员工提供自由发表意见和建议的渠道，鼓励其创新思维和实验性的探索。

（3）加强数字化技能培训。企业应加强数字化技能培训，为员工提供必要的数字化知识和技能，以应对数字化时代的挑战。培训应该包括数字化基础知识、数字化工具的使用、数据分析等方面。

（4）推动数字化文化落地。数字化文化的成功融合需要落地到具体的实践中。企业可以通过推动数字化项目和创新实践，加强数字化文化的落地和推广。同时，企业应根据数字化转型的情况和需求，不断调整和优化数字化文化的实践。

（5）加强领导力的支持和倡导。领导者应成为数字化和企业文化融合的倡导者，为员工树立榜样，并推动组织的数字化转型。领导者应具备数字化技术的理解能力和应用能力，以带领企业走向数字化未来。

（6）加强数字化基础设施和工具的支持。企业应投资数字化技术，建设数字化基础设施，以支持数字化转型和促进文化融合。数字化工具和平台可以促进沟通、协作和知识共享，从而提高工作效率和团队合作能力。

总之，数字化和企业文化的融合是企业数字化转型的重要组成部分，需要企业全面的战略规划和具体实践。通过明确目标、培养文化、加强员工培训、落地实践和领导力支持，企业可以成功实现数字化和企业文化的融合，从而提升企业的创新力和竞争力。

11.10　数字化与企业文化融合的未来趋势与展望

11.10.1　数字化发展的趋势与影响

数字化在未来将继续发展并对企业产生深远影响。本章对数字化发展的趋势及其对企业可能的影响提出一些思考，希望能为读者提供借鉴和灵感。

随着人工智能和自动化技术的进步，在智能化和自动化方面，企业将更多地应用智能化系统和自动化流程提高效率和生产力。这将对企业的组织结构、工作流程和人员需求产生影响。

数字化时代产生了大量的数据，数据驱动决策的功能越来越凸显，企业可以利用数据分析和人工智能技术进行数据驱动的决策。数据将成为企业决策和战略制定的重要依据，从而帮助企业更好地了解市场、客户需求和业务表现。

数字化技术为企业提供了与客户互动的新渠道和新方式，可以说，数字化也在改变营销方式和客户体验。企业可以通过个性化营销、数字化平台和社交媒体等手段，改善客户体验，提升品牌忠诚度和口碑。

数字化转型将对企业的人才需求产生影响，人才需求发生了变化。企业需要具备数字化技能和知识的员工，同时需要培养其创新思维，提高其协作能力和适应变化的能力。

数字化时代，企业与合作伙伴、供应商和客户之间的关系将更加紧密，互动也更加频繁，企业生态系统得以重塑。企业将建立更加开放和合作的生态系统，共享资源和知识，以实现创新的互补和共赢。

11.10.2　企业文化融合的未来发展方向

未来，数字化与企业文化的融合将朝着以下方向发展：

随着数字化时代的变革速度加快，企业需要建立敏捷和灵活的文化，以适应快速变化的市场需求和技术进步。企业文化应鼓励创新和实验性的探索，鼓励员工适应变化并迅速做出反应。

数字化转型将促使企业各部门之间的合作更加紧密，跨部门和跨功能的合作在企业内部起到的协同作用也越来越重要。企业文化需要鼓励跨部门和跨功能的协作，以打破传统的组织边界，促进信息共享和团队合作。

企业文化融合需要强调员工的参与和创新能力。员工应被视为数字化转型的重要推动者和变革的关键参与者，企业要鼓励他们提出新想法、参与决策制定和推动创新实践。

企业文化融合需要加强对员工的数字化技能培养和培训。企业应提供持续的培训机会，帮助员工掌握数字化工具和技术，提升其数字化素养和创新能力。

企业文化融合是一个持续演进的过程。企业应保持对市场和技术变化的敏感性，及时调整企业文化，使企业文化持续演进，保持其适应性，以应对不断变化的数字化环境。

11.10.3　数字化与企业文化融合的展望

数字化与企业文化的融合将在未来继续发展，并对企业产生深远影响。在数字化与企业文化的融合上，我们可以做以下合理的展望：

（1）体现出强烈的个性化和定制化。随着数字化技术的进步，企业将能够更好地了解和满足客户的个体需求。企业将通过个性化定制产品和服务，提供更优质的客户体验，增强客户忠诚度。

（2）创新驱动和实验性文化在企业中被更加重视。数字化时代需要企业具备创新能力和实验性文化。企业将鼓励员工提出新想法和创新解决方案，打破传统思维模式，实践试错，并从失败中学习和快速迭代。

（3）跨界合作和生态系统建设为企业赋予新的活力。企业将加强与合作伙伴和生态系统的合作，共同推动创新和数字化转型。跨界合作将带来资源共享、技术整合和市场拓展的机会。

（4）全员参与企业文化的制定，表现出更多的创造性和民主性。数字化与企业文化的融合需要全员参与和共同努力。企业将鼓励每个员工都成为数字化转型的倡导者和推动者，从而共同构建具有创新精神和适应性的企业文化。

（5）数字化与企业文化的融合将更加强调企业的社会责任和可持续发展理念。企业将更加关注环境保护、社会公益和道德经营，以实现经济、社会和环境的可持续发展。

（6）尽管数字化在提升效率和创造价值方面具有巨大潜力，但企业也需要关注数字化方面的人文关怀。数字化与企业文化融合应注重员工的工作满意度、福利和工作生活平衡，以确保员工的健康和幸福感。

（7）利益共享，风险共担，共同创造未来，企业将与其利益相关者产生更加密切的联系。数字化与企业文化融合将致力于创造共享价值。企业将与员工、合作伙伴、客户和社会共同分享数字化转型所带来的成果和利益，从而促进共同发展与繁荣。

总之，数字化与企业文化融合是未来的趋势，将对企业产生广泛而深远的影响。企业需要积极适应数字化变革，建立敏捷、创新和参与的文化，同时注重员工培养、跨部门合作和社会责任，以实现可持续发展和共享价值的目标。

11.11 本章小结

数字化与企业文化融合是企业在数字化时代取得成功的关键因素。通过将数字化技术与企业文化相结合，企业可以更好地应对数字化带来的机遇和挑战，从而实现可持续发展。本章分析了成功融合的关键要素和构建数字化与企业文化融合的策略，也探讨了数字化发展的趋势与影响，以及数字化与企业文化融合的未来发展方向和展望。

数字化与企业文化融合是企业在数字化时代取得成功的关键因素。通过将数字化技术与企业文化相结合，企业可以更好地应对数字化带来的机遇和挑战，实现可持续发展。本章的结论将总结数字化与企业文化融合的重要性，并强调在实现成功融合的过程中需要注意的关键要素。

数字化技术的快速发展和广泛应用对企业产生了深远的影响，改变了商业模式、客户行为和市场竞争。而企业文化是组织的核心价值观、信念和行为准则，对企业的发展和绩效产生了重要影响。

数字化与企业文化融合的重要性落足于两者之间的有机融合，可以推动组织变革、增强创新能力、提升员工参与度，并帮助企业适应快速变化的数字化环境。

数字化与企业文化融合时，企业要具有清晰的数字化转型目标和愿景，应明确数字化转型的目标，并调整企业文化与其相一致，以保持组织内部的一致性和凝聚力。

企业要注意员工在数字化与企业文化融合中的各个阶段，其参与程度以及职业发展规划。员工应被视为数字化转型的重要推动者和变革的关键参与者。企业应鼓励员工提出新想法、参与决策制定，并提供持续的培训与发展机会。

企业文化应适应快速变化的数字化环境，营造出开放、创新和协作的文化氛围，并鼓励员工适应变化并迅速做出反应。融合时，企业应注重对员工的应变能力和适应能力以及组织内部的适应性和灵活性的孵化。

数字化与企业文化的融合也离不开技术基础设施和数字化工具的硬件支撑。构建适当的技术基础设施和数字化工具是数字化与企业文化融合的重要支持，可以提高效率、促进信息共享和团队合作。

在未来，数字化与企业文化融合将继续发展并对企业产生深远影响。企业需要适应快速变化的数字化环境，培养开放、创新和协作的企业文化，并强调员工参与和创新能力。数字化将推动个性化和定制化的发展，促使企业更加注重创新驱动和实验性文化，以及跨界合作和生态系统建设。此外，数字化与企业文化的融合还应关注社会责任和可持续发展，以及人文关怀和共享价值的重要性。

为了成功实现数字化与企业文化的融合，企业需要明确数字化转型的目标和愿景，并调整企业文化与其相一致。领导层的支持至关重要，他们应成为数字化的倡导者，并在组织内传递数字化转型的重要性和价值观。此外，企业还应加强对员工的培训和发展，培养他们的数字化技能和知识。构建适当的技术基础设施和数字化工具也是数字化与企业文化融合的重要支持。

总之，数字化与企业文化融合是企业在数字化时代取得成功的关键因素。随着数字化的不断发展，企业需要积极适应变革，并建立敏捷、创新和参与的文化。通过将数字化技术与企业文化相结合，企业可以实现可持续发展，并取得长期成功。数字化与企业文化的融合将在未来继续发展，并对企业产生深远影响。企业需要积极适应变革，建立敏捷、创新和参与的文化，以实现可持续发展和共享价值。通过数字化技术和企业文化的融合，企业可以实现个性化和定制化的发展，提升创新能力，促进跨界合作和生态系统建设，并关注社会责任和可持续发展的重要性。

成功实现数字化与企业文化的融合需要企业在以下方面采取行动：

（1）确定明确的数字化转型目标和愿景，并调整企业文化与其相一致。

（2）领导层要充当数字化转型的倡导者，传递数字化的重要性和价值观。

（3）鼓励员工参与和创新能力的发展，提供持续的培训机会。

（4）建立适应性和灵活性的企业文化，使员工能够适应快速变化的数字化环境。

（5）构建适当的技术基础设施和数字化工具，以支持数字化与企业文化的融合。

随着数字化的不断发展，企业应保持敏感性，持续调整企业文化，以适应变化的数字化环境。数字化与企业文化的融合将推动个性化和定制化的发展，促使企业更加注重创新驱动和实验性文化，以及跨界合作和生态系统建设。同时，企业还应关注社会责任和可持续发展，以实现经济、社会和环境的共享价值。

12　数字化企业职业化教育变革研究

12.1　研究背景与动机

12.1.1　数字化时代的企业环境变化

随着科技的迅速发展和数字化转型的兴起，企业环境发生了深刻的变化。这些变化不仅影响了企业的运营方式，还重新塑造了市场格局、商业模式和组织结构。以下是数字化时代企业环境变化的一些关键方面：

（1）技术创新的崛起。数字化时代见证了许多前沿技术的涌现，如人工智能、大数据分析、物联网、区块链等。这些技术为企业提供了新的工具和资源，使其能够更好地理解市场趋势、预测消费者需求，甚至创造全新的产品和服务。

（2）数据驱动的决策。数字化时代企业面临海量数据的涌入，这些数据可以用于分析消费者行为、市场趋势、产品性能等方面。数据驱动的决策能够帮助企业更准确地制定战略、优化运营流程，并在竞争激烈的市场中保持敏捷性。

（3）新型商业模式的兴起。数字化时代催生了多种新型商业模式，如共享经济、订阅服务、平台生态等。这些模式通过数字技术的支持，改变了传统产业的运作方式，创造了更高效、灵活的商业生态系统。

（4）全球化与虚拟化。数字化时代消除了地域限制，使得企业可以轻松地进行全球性合作与交易。远程协作工具、虚拟会议等技术的应用，使企业能够跨越时区和地域，建立多样化的团队合作关系。

（5）客户体验的重塑。数字化时代，消费者对于个性化、定制化的产品和服务的需求不断增加。企业需要通过数字技术来实现更好的客户体验，包括个性化推荐、多渠道沟通等，以满足消费者的期望。

（6）创新与竞争压力。数字化时代的竞争变得更加激烈，企业需要不断创新来保持竞争优势。新技术的引入、灵活的业务模式和持续的改进成为企业成功的关键因素。

（7）员工技能与培训的重要性。企业数字化转型要求员工具备新的技能，能够应对不断变化的技术和工作方式。培训与继续教育成为企业保持竞争力的一部分，也是员工职业发展的关键。

（8）安全与隐私挑战。数字化时代，企业面临着更多的网络安全与数据隐私风险。企业需要投入更多资源来保护客户数据、知识产权和商业机密，以防范潜在的威胁。

（9）可持续发展与社会责任。数字化时代，企业在可持续发展和社会责任方面的要求也越来越高。数字技术可以用于监测和改进环境、社会与治理等方面，企业需要积极参与社会问题的解决。

（10）产业生态的重构。数字化时代，传统产业界限变得模糊，产业生态正在不断地重构。企业需要寻找新的合作伙伴、供应链关系，以适应这种变化并获取更大的竞争优势。

12.1.2 探讨数字化企业背景下职业化教育的演变

随着数字化时代的到来，企业环境和职业发展方式都发生了深刻的变革，这也直接影响了职业化教育的演变。传统的职业化教育模式在数字化企业背景下正面临新的机遇和挑战，需要进行创新和适应。以下是数字化企业背景下职业化教育演变的一些关键方面：

（1）技能多样化与深度化。数字化企业的运营需要更多的技能，涵盖了从传统的职能技能到数字化工具的应用，甚至跨领域的跨学科技能。职业化教育需要适应这种多样化的技能需求，提供更广泛和深入的培训，使员工具备应对复杂多变环境的能力。

（2）自主学习与个性化发展。数字化时代强调自主学习和持续学习的重要性。职业化教育需要倡导员工积极参与自主学习，利用在线资源、学习平台和社交媒体等途径获取知识和技能。个性化的学习路径和内容定制将有助于满足不同员工的学习需求。

（3）跨时空学习与虚拟培训。数字化企业的员工可能分布在全球各地，因此传统的面对面培训方式受到限制。虚拟培训、远程教育和在线学习平台变得更加重要，使员工可以随时随地获取培训资源，从而促进跨时区、跨地域的学习合作。

（4）智能化学习工具的应用。人工智能、虚拟现实等技术正在逐渐应用于职业化教育领域。这些工具可以提供个性化的学习建议、模拟实践场景，甚至进行实时的学习反馈。智能化学习工具有助于提高员工的学习效率和质量。

（5）跨部门协作与知识共享。数字化企业强调跨部门协作和知识共享，这要求员工具备更广泛的知识背景和沟通能力。职业化教育可以鼓励员工参与跨部门的培训项目，从而促进不同部门之间的交流和协作。

（6）数据驱动的培训评估。数字化企业可以通过数据分析来评估培训效果，从而不断优化培训计划。利用学习数据和绩效指标，企业可以及时调整培训内容和方法，以确保培训与业务目标相一致。

（7）职业发展的灵活性。数字化企业的组织结构和职业发展路径更加灵活。职业化教育需要提供适应不同职业路径和发展方向的培训内容，以帮助员工在不同阶段实现职业目标。

（8）培训文化与领导支持。数字化企业需要树立积极的学习文化，将学习视为终身发展的一部分。领导层的支持和示范在培训的推广中起着重要作用，能够激励员工积极参与学习和成长。

12.2 数字化企业背景下的职业化教育

12.2.1 数字化企业的特点与趋势

数字化企业是利用数字技术和数据驱动的方式来进行业务运营和管理的企业。随着科技的发展，数字化企业呈现出独有的特点和趋势，这些特点不仅影响了企业的内部运作，也塑造了市场竞争格局。以下是数字化企业的一些主要特点与趋势：

（1）数据驱动的决策。数字化企业以数据为基础进行决策。它们收集、存储和分析大量的数据，从中获取洞察力，指导业务战略和决策。数据驱动的决策使企业更具智能化，能够更准确地预测市场趋势、客户需求和竞争环境。

（2）智能化的自动化流程。数字化企业采用自动化技术来优化和简化业务流程。机器人流程自动化（RPA）、人工智能和自动化工具被广泛应用于各个业务领域，从生产制造到客户服务，提高了效率和准确性。

（3）客户体验的个性化。数字化企业通过分析客户数据，提供个性化的产品和服务。从个性化推荐到定制化方案，企业致力于满足每位客户的独特需求，提升客户满意度和忠诚度。

（4）创新与快速迭代。数字化企业注重创新，并采用快速迭代的方式来推出新产品和服务。它们不断试验新的商业模式、技术和市场策略，以保持竞争优势。

（5）开放的生态系统。数字化企业倾向于建立开放的生态系统，与合作伙伴、创新企业和开发者合作，共同开发解决方案。开放的平台能够吸引更多的创新和资源，推动产业的发展。

（6）灵活的组织结构。数字化企业的组织结构更加灵活。它们可能采用分布式团队、虚拟团队和远程协作模式，以适应全球化和多样化的市场。

（7）数据安全和隐私保护。随着数字化程度的提高，数字化企业面临着更多的数据安全和隐私保护挑战。它们需要投入更多资源来确保客户数据和商业机密的安全。

（8）新型商业模式的兴起。数字化时代催生了许多新型商业模式，如共享经济、订阅服务、平台生态等。这些模式通过数字技术的支持，创造了全新的盈利模式和市场格局。

（9）可持续发展和社会责任。数字化企业越来越注重可持续发展和社会责任。它们利用数字技术来监测和改进环境、社会和治理等方面，积极参与社会问题的解决。

（10）技能需求的变化。数字化企业对员工技能提出了更高的要求。新兴技术的引入使员工需要不断更新和学习新的技能，以适应企业的变化和发展。

12.2.2 传统职业化教育的特点与局限性

传统职业化教育是过去几十年来的一种教育模式，旨在为学生和员工提供必要的技能和知识，以胜任特定的职业角色。然而，随着社会和经济环境的变化，传统职业化教育也呈现出一些特点和局限性。下面将介绍传统职业化教育的主要特点与局限性。

12.2.2.1 主要特点

（1）标准化的课程内容。传统职业化教育通常以标准化的课程内容为基础，涵盖特定职业领域的基本知识和技能。这种课程设置有助于确保学生获得必要的基础，但可能无法满足不同学生的个性化需求。

（2）面对面的教学。传统职业化教育以面对面的教学为主，教师在课堂上传授知识和技能。这种教学方式有助于师生互动和交流，但受制于地理位置和时间，不够灵活。

（3）实际操作与实习。传统职业化教育通常注重实际操作和实习经验，让学生能够在真实环境中应用所学知识。实习能够提供实际的职场体验，但可能受到实习机会的限制。

（4）行业认可和资格证书。传统职业化教育的目标之一是为学生提供行业认可的培训，以获得相应的资格证书。这些证书通常被用于证明学生具备特定的职业能力。

12.2.2.2 局限性

（1）缺乏灵活性。传统职业化教育在课程设置和教学方式上较为固定，难以适应不断变化的职业需求和技术进步。这可能导致学生毕业后的技能与市场需求不匹配。

（2）知识更新滞后。由于课程设置相对较为固定，传统职业化教育可能无法及时更新知识与技能，尤其是在快速发展的领域。

（3）不够个性化。传统职业化教育的标准化课程内容难以满足不同学生的个性化需求。一些学生可能需要深入研究某个特定领域，而另一些学生可能对其他领域更感兴趣。

（4）技能与综合素养的平衡。传统职业化教育通常注重培养特定职业领域的技能，但可能忽视了综合素养、创新能力和跨学科技能的培养。

（5）缺乏实践经验。虽然传统职业化教育注重实际操作和实习，但一些课程可能仍较为理论化，缺乏与真实职场需求的紧密联系。

12.3 数字化对职业化教育的影响

12.3.1 技能需求的变化

数字化时代的来临引发了技能需求的巨大变化，传统的职业技能已不再足够应对新的机遇和挑战。以下是数字化时代技能需求的变化以及其影响：

（1）数字技术和数据分析能力。数字化企业需要员工掌握基本的数字技术和数据分析能力。熟练使用各种软件、工具和平台，理解大数据的应用，能够从数据中提取有价值的信息，这对企业决策至关重要。

（2）编程和计算机科学知识。编程技能在数字化时代变得非常重要。即使不是纯粹的软件开发人员，也需要了解编程的基本概念，以便更好地与技术团队合作，理解技术实现的可能性和限制。

（3）创新和问题解决能力。数字化时代强调创新和持续改进。员工需要具备解决复杂问题、寻找新机会和提出创新方案的能力。这种能力不仅是技术问题，也包括业务模式、流程和产品的创新。

（4）跨学科能力。数字化企业需要员工具备跨学科的能力，能够理解不同领域的知识，促进跨部门协作和知识分享。跨学科的能力可以帮助创造全新的解决方案和商业模式。

（5）数据隐私和网络安全知识。随着数字化数据的增加，数据隐私和网络安全成为重要关切。员工需要了解数据隐私法规，学习如何保护客户数据和企业机密，防范网络攻击和数据泄露。

（6）沟通和协作能力。数字化企业强调团队合作和跨部门协作。员工需要良好的沟通与协作能力，能够有效地与不同背景的同事合作，分享信息、解决问题并推动项目。

（7）学习能力和适应能力。技术和市场的变化速度加快，员工需要不断学习新知识和新技能，拥有学习能力和适应能力，能够快速适应新技术和新环境，这也是职业生涯成功的关键。

（8）创业精神和企业家精神。数字化时代强调创业精神和创新意识。即使在传统企业中，员工也需要具备敢于尝试、创造价值和迎接风险的企业家精神。

（9）心理弹性和情绪智商。数字化企业的工作环境可能充满变化和挑战。员工需要拥有心理弹性，能够处理压力、适应变化，以及保持积极的情绪状态。

（10）多语言和跨文化沟通能力。随着全球化的发展，员工需要具备多语言和跨文化沟通能力，能够与来自不同文化背景的同事和客户有效交流。

12.3.2 学习模式的变革

数字化时代的到来引发了学习模式的深刻变革，传统的学习方式已经无法满足现代职业发展的需求。新的学习模式通过数字技术的支持，为个体提供更加灵活、个性化和高效的学习体验。以下是学习模式的变革及其影响：

（1）自主学习与在线资源。数字化时代赋予了个体更大的自主学习能力。通过在线资源、学习平台和开放式课程，学习者可以自由选择感兴趣的领域进行学习，无论是提升职业技能还是拓展知识面。

（2）跨时区、跨地域学习合作。数字化技术打破了地域限制，使得全球范围内的学习合作成为可能。虚拟会议、在线协作平台等工具促进了来自不同地区、文化背景的学习者之间的交流和合作。

（3）智能化学习工具的应用。人工智能和机器学习技术正在改变学习方式。智能化学习工具可以根据学习者的表现和需求，提供个性化的学习建议、练习题目，甚至进行实时的学习反馈。

（4）虚拟实践和模拟体验。数字技术使得虚拟实践和模拟体验成为可能。虚拟现实技术和增强现实技术可以创造出逼真的场景，让学习者可以在安全的环境中进行实际操作和实验。

（5）社交化学习和知识共享。数字化时代推动了社交化学习和知识共享的趋势。社交媒体、在线社群和协作工具为学习者提供了一个交流和分享经验的平台，促进了知识传递和合作学习。

（6）终身学习和跨学科。数字化时代强调终身学习的重要性。学习者需要不断地更新并扩展自己的知识和技能，同时培养跨学科的能力，以适应多变的职业环境和市场需求。

（7）数据驱动的学习评估。数字化学习模式使得学习过程可以被更好地追踪和评估。学习数据和绩效指标可以帮助学习者了解自己的进步，并调整学习策略以获得更好的效果。

（8）融合现实和虚拟。混合式学习模式融合了传统的面对面教学和在线学习。学习者可以在教室中与教师和同学互动，同时通过在线平台继续深入学习和练习。

（9）个性化和可定制的学习路径。数字化时代的学习模式允许学习者根据自己的兴趣和需求制定个性化的学习路径。从课程选择到学习节奏，都可以根据个人情况进行调整。

（10）联机与离线学习。移动设备和互联网的普及使得学习变得更加灵活。学习者可以随时随地通过手机、平板电脑等设备进行在线学习，无须受制于地点和时间。

12.4 数字化企业职业化教育的策略与实践

12.4.1 跨部门合作与知识共享

在数字化企业的背景下，跨部门合作和知识共享成为推动创新和持续发展的关键因素。传统的职业化教育模式往往注重培养特定领域的专业知识和技能，而现在的企业更加强调员工在不同领域之间的合作与交流，以应对复杂多变的市场环境。以下是跨部门合作与知识共享在数字化企业中的重要性及其影响：

（1）促进创新和跨领域合作。跨部门合作能够将不同领域的专业知识和经验汇聚在一起，激发创新和创意。员工可以从不同角度思考问题，合作开发全新的解决方案和产品，以推动企业不断更新和改进。

（2）加速问题解决与决策制定。跨部门合作有助于快速解决问题和制定决策。各部门的专业知识可以提供更全面的信息，从而使决策更加准确和可靠。

（3）跨功能团队的形成。数字化企业的运营通常需要多领域的知识和技能，因此跨功能团队的形成变得更加常见。不同领域的员工可以组成跨功能团队，共同解决复杂的业务问题。

（4）知识流动和共享文化。跨部门合作和知识共享有助于建立一种积极的学习文化。员工更愿意分享自己的知识和经验，同时也能够从他人的经验中汲取营养，推动全员的终身学习。

（5）优化资源利用。跨部门合作可以优化企业内部资源的利用，避免资源的重复投入和浪费。合作团队可以共享设备、人才和信息，以提高资源的利用率。

（6）打破信息孤岛。传统的组织结构可能导致信息在不同部门之间孤立存在。跨部门合作能够打破信息孤岛，促进信息的流通和共享，从而使整个企业更加协调和高效。

（7）跨文化和多元化交流。数字化企业可能在全球范围内开展业务，因此跨部门合作也可能涉及跨文化和多元化的交流。这有助于员工增加跨文化交流和合作的能力。

（8）促进综合素养的培养。跨部门合作要求员工具备综合素养，不仅懂得自己的专业领域，还需要了解其他领域的知识。这有助于员工全面发展，提高综合能力。

（9）提升沟通与协作能力。跨部门合作要求员工具备良好的沟通与协作能力，能够与不同背景和角色的人有效地交流和合作，从而提高整体工作效率。

（10）促进职业发展。参与跨部门合作和知识共享的员工往往有更多的机会获得全面的经验，扩展职业发展的视野。在企业内部，这种综合能力和经验也可能为员工的职业发展创造优势。

12.4.2　智能化学习工具的应用

随着人工智能和机器学习技术的发展，智能化学习工具在职业化教育和数字化企业中的应用越来越广泛。这些工具利用数据分析和个性化推荐等功能，提供了更加智能、个性化和高效的学习体验。以下是智能化学习工具在数字化企业中的应用及其影响：

（1）个性化学习推荐。智能化学习工具可以根据学习者的兴趣、学习历史和学习风格，推荐适合的课程、资料和练习。这有助于学习者更有针对性地获取所需知识，提高学习效果。

（2）自动化学习进度跟踪。智能化学习工具能够自动跟踪学习者的进度和表现，生成学习报告和分析，为学习者提供实时的反馈和建议，以帮助他们了解自己的强项和待提升的领域。

（3）智能化题库和练习。智能化学习工具可以根据学习者的水平和需求，提供不同难度和类型的练习题，以促进知识的巩固和应用。

（4）虚拟导师和智能教练。一些智能化学习工具拥有虚拟导师和智能教练的功能，根据学习者的表现提供个性化的学习指导和建议，以帮助他们制订学习计划。

（5）自动化作业和评估。智能化学习工具可以自动生成作业、测验和考试，根据学习者的答题情况自动评估和打分，以减轻教师的工作负担，同时提供实时的学习反馈。

（6）模拟实践和虚拟实验。某些领域的智能化学习工具可以提供模拟实践和虚拟实验的体验，让学习者在安全的环境中进行实际操作和实验，以增强实际技能。

（7）自适应学习路径。智能化学习工具可以根据学习者的表现和需求，调整学习路径和内容，以确保学习过程紧密贴合学习者的学习进度和能力。

（8）数据驱动的学习分析。智能化学习工具可以分析学习者的数据，了解学习模式、困难点和进步情况，从而为教育者和企业提供决策支持。

（9）提高学习者的参与度。通过提供个性化的学习体验和实时反馈，智能化学习工具可以激发学习者的兴趣，提高学习者的参与度。

（10）促进终身学习。智能化学习工具可以根据学习者的职业发展和兴趣，推荐不同阶段的学习资源，从而促进终身学习的理念。

12.4.3　数据驱动的培训评估

在数字化企业中，数据驱动的培训评估成为提升培训效果和优化教育策略的重要手段。通过收集、分析和应用数据，企业可以更精准地评估培训成效，了解员工的学习情况，并有针对性地进行改进和调整。以下是数据驱动的培训评估在数字化企业中的应用及其影响：

（1）个性化学习反馈。通过收集学习者的数据，企业可以为每位学习者提供个性化的学习反馈。这有助于学习者了解自己的学习进度、弱点和优势，以及应对改进的建议。

（2）实时学习跟踪。数字化培训平台可以实时追踪学习者的学习进度、参与度和表现。教育者可以及时了解学习者的情况，发现问题并采取措施。

（3）增强培训效果。数据分析可以帮助企业评估培训课程的效果，了解哪些课程受到学习者欢迎，哪些课程需要改进或更新。这有助于提高培训的质量并增强其效果。

（4）个性化课程设计。通过分析学习者的需求和反馈，企业可以更好地设计和调整培训课程。这样的个性化课程设计能够满足不同学习者的需求，提高其学习动力。

（5）预测学习趋势。通过数据分析，企业可以预测学习趋势和需求。这有助于企业提前准备培训资源，以满足未来的职业化教育需求。

（6）教育策略的优化。数据驱动的培训评估可以帮助企业优化教育策略。了解哪些方法和资源对于员工学习更有效，可以调整教学方式和内容。

（7）提供决策支持。企业领导和管理层可以通过数据驱动的培训评估，了解培训投资的回报率，从而为决策提供更可靠的数据支持。

（8）持续改进和创新。数据分析可以揭示培训的问题和瓶颈，为持续改进和创新提供指导。企业可以不断调整培训计划，以适应变化的需求。

（9）员工绩效提升。有效的培训评估可以帮助员工提升绩效，增强职业竞争力。员工可以通过学习不断提升自身的技能和知识，从而为企业创造更大的价值。

（10）跟踪可持续发展。通过数据驱动的培训评估，企业可以跟踪员工的职业发展与学习进程，从而为员工的可持续发展提供支持。

12.5　本章小结

随着科技的迅速发展和数字化转型的兴起，企业环境发生了深刻的变化，这些变化不仅影响了企业的运营方式，还重新塑造了市场格局、商业模式和组织结构。本章主要针对数字化企业职业化教育变革展开研究，包括数字化时代的企业环境变化、数字化企业背景下职业化教育的演变、数字化企业的特点与优势、传统职业化教育的特点与局限性、数字化对职业化教育的影响、数字化企业职业化教育的策略与实践等。随着科技的发展和数字化时代的来临，技能需求发生了巨大变化，传统的职业技能已不再足够应对新的机遇和挑战，数字化企业呈现出独有的特点和趋势。在数字化企业的背景下，跨部门合作和知识共享成为推动创新和持续发展的关键因素。

未来，我们还可以继续深入探讨数字化工具的有效使用和解决数字化人力资源工作分析面临的挑战，这将有助于推动数字化人力资源工作分析在企业中更广泛的应用，以支持数字化企业职业化教育变革工作。

参考文献

边远，2019. 组织变革中的 K 企业绩效管理问题研究 [D]. 大连：大连理工大学.

陈智国，2020. 数字经济时代的十大焦点问题：上 [J]. 中国经贸导刊 (23)：22-27.

单宇，周琪，闫芳超，2024. 打开活力密码：中国民营企业如何塑造组织活力？：基于华源集团的探索性案例研究 [J]. 南开管理评论 (5)：1-21.

党红艳，2023. 数字经济赋能旅游业转型的底层逻辑 [J]. 经济问题 (3)：45-50，121.

高学宝，2021. X 企业数字化转型项目的评价与优化 [D]. 天津：天津大学.

郭青青，2022. 企业绩效管理存在的问题及解决对策探究 [J]. 企业改革与管理 (15)：89-91.

何斌，赵楠，何琴清，等，2022. 管理模式转型视角的数字化管理适应性变革研究：以字节跳动为例 [J]. 北京交通大学学报（社会科学版），21 (2)：29-36.

贺敬雯，张梦涛，2016. 愿景领导理论下愿景的本质、特征及功能探析 [J]. 辽宁教育行政学院学报，33 (5)：41-46.

洪雪，2023. 数字化时代企业绩效管理形式及新思考 [J]. 财富时代 (3)：47-49.

姬德强，佘浩东，2023. 党的二十大精神引领下的国家文化数字化战略：逻辑、挑战与进路 [J]. 视听理论与实践 (2)：14-21.

姬坤，2023. 数字化背景下应用型人力资源专业模式思考 [J]. 中国集体经济 (13)：90-93.

柯夏菲，2022. 关于如何完善企业绩效管理体系的研究 [J]. 营销界

（22）：127-129.

李安琪，2021. 从"外延式治理"走向"内涵式治理"［D］. 福州：福建师范大学.

李斐飞，2017. 价值重构：数字时代广告公司商业模式创新研究［D］. 武汉：武汉大学.

李富春，2023. 国有企业绩效管理存在的问题及优化路径研究［J］. 河北企业（5）：57-59.

李青，2023. 中小民营企业绩效管理存在的问题及优化研究［J］. 中国管理信息化，26（3）：119-122.

李伟，2021. 中国互联网企业社会责任体系构建研究［D］. 上海：上海财经大学.

李晓谋，2022.A 国有企业绩效管理问题及对策研究［D］. 石家庄：河北经贸大学.

李亚杰，2023. 大数据时代企业人力资源管理数字化转型的对策研究［J］. 中小企业管理与科技（8）：82-85.

李映，2021. 员工社交媒体使用对工作绩效的作用机制研究［D］. 厦门：华侨大学.

李育辉，陈佳颖，王桢，等，2022. 危机下的组织沟通网络变化与知识分享行为演变：一项基于工作系统大数据的追踪研究［J］. 中国人力资源开发，39（2）：94-109.

林晶，2021. 数字基础设施、互联网使用对就业质量的影响［D］. 北京：中国社会科学院研究生院.

刘芳，2022. 浅谈数字化赋能下的企业绩效管理变革［J］. 商业观察（20）：47-49，66.

刘光强，干胜道，傅萍，等，2023. 数字化重构企业价值链及应用逻辑［J］. 财会月刊，44（10）：17-24.

刘华，周宇，2020. 数字化人力资源管理背景下的职业生涯规划与发展路径［J］. 人力资源开发（5）：69-73.

刘涛，2023. 集团企业绩效管理实践及思考［J］. 质量与市场（4）：151-153.

刘天雪，2022.ZX 企业绩效管理优化研究［D］. 石家庄：河北地质大学.

刘中华，2022. 企业绩效管理存在的问题及对策［J］. 全国流通经济

（29）：67-70.

吕凤军，苏兴华，李宝宝，2023. 数字转型背景下钻井企业数字文化构建与实践 [J]. 中国石油企业（Z1）：114-117.

马海刚，2022.HR+数字化 [M]. 北京：中国人民大学出版社.

毛丰付，娄朝晖，2021. 数字经济 [M]. 杭州：浙江工商大学出版社.

孟韬，李琦，赵非非，2023. 数字服务化战略如何影响企业绩效：基于组织韧性视角 [J]. 科学决策（2）：1-17.

裴浚淞，2021. 基于平衡计分卡的 SL 电池企业绩效管理优化研究 [D]. 贵阳：贵州大学.

钱雨，孙新波，孙浩博，等，2021. 数字化时代敏捷组织的构成要素、研究框架及未来展望 [J]. 研究与发展管理，33（6）：58-74.

任保平，王子月，2023. 数字经济时代中国式企业现代化转型的要求与路径 [J]. 西北工业大学学报（社会科学版）（3）：78-86.

沈崴，2016. 影响组织学习的文化障碍研究 [J]. 北京财贸职业学院学报，32（6）：45-51.

史燕伟，谢菊兰，王雅妮，等，2023. 数字化工作重塑及其对工作绩效的促进作用：基于人—任务—技术匹配视角 [J]. 心理科学进展，31（7）：1133-1145.

谭新政，褚俊，2012. 企业品牌评价与企业文化建设研究报告 [J]. 商品与质量（28）：7-30.

特雷，池澄，王俪儿，2022.BEPS 2.0 时代来临："双支柱"方案对五大关键领域的深远影响 [J]. 国际税收（2）：13-23.

汪庆周，2023. 制造企业数字化转型路径探讨 [J]. 合作经济与科技（10）：128-129.

王海，闫卓毓，郭冠宇，等，2023. 数字基础设施政策与企业数字化转型："赋能"还是"负能"？[J]. 数量经济技术经济研究，40（5）：5-23.

王浩，2022. 数字化时代的中小企业绩效管理创新策略 [J]. 商场现代化（13）：69-71.

王俊，2022. 企业绩效管理的数字化变革及应用策略探析 [J]. 全国流通经济（35）：60-63.

王凯军，2022. 数据要素的产权分析与治理机制 [D]. 成都：西南财经大学.

王路，2021. 大数据的文化理解及其批判［D］. 北京：中共中央党校.

王荣琦，2021. 灵活工作计划对工作—家庭平衡的影响及其作用机制研究［D］. 济南：山东大学.

王姝瑶，2023. 数字化时代背景下中小企业绩效管理的创新［J］. 人才资源开发（3）：90-91.

王婷，李明，2018. 数字化转型对员工关系的影响与对策研究［J］. 管理学刊，35（2）：109-117.

王佑莹，2021. 社交媒体赋能的员工碎片化学习概念开发及其前因后果研究［D］. 合肥：中国科学技术大学.

吴萌，2021. 数字化转型如何培育组织韧性？［D］. 济南：山东大学.

萧婧，2020. Z 国有企业的绩效管理研究［D］. 重庆：重庆师范大学.

谢小云，左玉涵，胡琼晶，2021. 数字化时代的人力资源管理：基于人与技术交互的视角［J］. 管理世界，37（1）：200-216.

闫敏，2017. 基于责任视角的企业绩效管理有效性研究［D］. 重庆：重庆大学.

杨欣岩，2021. 企业文化在企业员工激励中的作用探析［J］. 商业观察（20）：52-54.

杨雄，2017. 巨变中的中国社会［M］. 上海：上海人民出版社.

于文浩，何佳绮，巩园园，等，2023. 工作场所学习的数字化转型：关键行动与变革路径［J］. 现代远程教育研究，35（2）：40-47.

张梦好，顾全根，2022. 大数据背景下企业绩效管理创新探讨［J］. 上海商业（11）：157-159.

张爽，2022. 数字化顾客导向、商业模式创新与企业转型绩效研究［D］. 上海：华东师范大学.

张洋波，2023. 互联网背景下企业绩效管理发展趋势分析［J］. 互联网周刊（1）：86-88.

张宇杰，2021. 技术能力和网络能力对新创企业成长的影响研究［D］. 哈尔滨：哈尔滨工业大

赵晨，林晨，周锦来，等，2024. 工作场所伙伴关系：数字经济时代员工与组织共赢的逻辑基础［J］. 南开管理评论，27（4）：116-127.

赵留荣，2013. 信息化对传统出版业的特殊影响［J］. 中国管理信息化，16（10）：52-53.

赵云，刘娟，2017. 数字化人力资源职业生涯管理模型构建与应用研究 [J]. 中国人力资源开发 (3)：79-84.

赵振，2015. "互联网+"跨界经营：创造性破坏视角 [J]. 中国工业经济 (10)：146-160.

甄珍，付东普，2012. 创新型企业文化构建的案例研究 [J]. 管理案例研究与评论，5 (3)：157-166.

郑秀，2020. 管理能力、研发支出与企业绩效的关系研究 [D]. 武汉：武汉大学.

朱秀梅，林晓玥，2022. 企业数字化转型：研究脉络梳理与整合框架构建 [J]. 研究与发展管理，34 (4)：141-155.

朱永明，牛蓝霄，李婧，2023. 中国情境下数字化转型前因组态和提升路径分析 [J]. 科技管理研究，43 (6)：144-154.

ANDERSSON L, LANVIN B, VAV DER HEYDEN L, 2016. Digitalisation initiatives and corporate strategies：a few implications for talent [M]. Fontainebleau：INSEAD Business School, Adecco Group and Human Capital Leadership Institute.

ANGRAVE D, CHARLWOOD A, KIRKPATRICK I, et al., 2016. HR and analytics：why HR is set to fail the big data challenge [J]. Human resource management journal, 26 (1)：1-11.

ASTORGA-VARGAS M A, FLORES-RIOS B L, LICEA-SANDOVAL G, et al., 2017. Explicit and tacit knowledge conversion effects, in software engineering undergraduate students [J]. Knowledge management research & practice, 15 (3)：336-345.

BERRAIES S, CHOUIREF A, 2023. Exploring the effect of team climate on knowledge management in teams through team work engagement：evidence from knowledge-intensive firms [J]. Journal of knowledge management, 27 (3)：842-869.

BHAVE D P, TEO L H, DALAL R S, 2020. Privacy at work：a review and a research agenda for a contested terrain [J]. Journal of management, 46 (1)：127-164.

BOHNSACK R, HANELT A, MARZ D, et al., 2018. Same, same, but different！？ A systematic review of the literature on digital transformation [C] //

Academy of management proceedings. Briarcliff Manor, New York: Academy of Management (1): 16262.

BONDAROUK T, BREWSTER C, 2016. Conceptualising the future of HRM and technology research [J]. The international journal of human resource management, 27 (21): 2652-2671.

BROSCHAK J P, DAVIS-BLAKE A, 2006. Mixing standard work and nonstandard deals: the consequences of heterogeneity in employment arrangements [J]. Academy of management journal, 49 (2): 371-393.

BURMEISTER A, WANG M, HIRSCHI A, 2020. Understanding the motivational benefits of knowledge transfer for older and younger workers in age-diverse coworker dyads: an actor-partner interdependence model [J]. Journal of applied psychology, 105 (7): 748-759.

BURMEISTER A, WANG M, HIRSCHI A, 2020. Understanding the motivational benefits of knowledge transfer for older and younger workers in age-diverse coworker dyads: an actor-partner interdependence model [J]. Journal of applied psychology, 105 (7): 748-759.

CASTELLANI P, ROSSATO C, GIARETTA E, et al., 2021. Tacit knowledge sharing in knowledge-intensive firms: the perceptions of team members and team leaders [J]. Review of managerial science, 15 (1): 125-155.

ČERNE M, NERSTAD C G L, DYSVIK A, et al., 2014. What goes around comes around: knowledge hiding, perceived motivational climate, and creativity [J]. Academy of management journal, 57 (1): 172-192.

CHATTOPAHYAY P, GEORGE E, 2001. Examining the effects of work externalization through the lens of social identity theory [J]. Journal of applied psychology, 86 (4): 781-788.

CONNELLY C E, ZWEIG D, WEBSTER J, et al., 2012. Knowledge hiding in organizations [J/OL]. Journal of organizational behavior, 33 (1): 64-88.

DE VRIES R E, VAN DEN HOOFF B, DE RIDDER J A, 2006. Explaining knowledge sharing [J]. Communication research, 33 (2): 115-135.

FENG JIANG, SU LU, LI-JUN JI, et al., 2023. Culture and the way of granting job autonomy: goal or execution? [J]. Journal of occupational and organizational psychology：124-381.

FREY C B，OSBORNE M A，2017. The future of employment：how susceptible are jobs to computerisation？［J］. Technological forecasting and social change，114：254-280.

GAL U，JENSEN T B，STEIN M K，2020. Breaking the vicious cycle of algorithmic management：a virtue ethics approach to people analytics［J］. Information and organization，30（2）：100-301.

GEORGE B，2003. Authentic leadership：rediscovering the secrets to creating lasting value［M］. New York：John Wiley & Sons.

HANSEN M T，1999. The search-transfer problem：the role of weak ties in sharing knowledge across organization subunits［J］. Administrative science quarterly，44（1）：82-111.

HAU L N，EVANGELISTA F，2007. Acquiring tacit and explicit marketing knowledge from foreign partners in IJVs［J］. Journal of business research，60（11）：1152-1165.

HAUSBERG J，LIERE-NETHELER K，PACKMOHRS，et al.，2018. Digital transformation in business research：a systematic literature review and analysis［J］. Proceedings of DRUID18，2018：235-350.

HOLTEN A L，ROBERT HANCOCK G，PERSSON R，et al.，2016. Knowledge hoarding：antecedent or consequent of negative acts？ The mediating role of trust and justice［J］. Journal of knowledge management，20（2）：215-229.

HUO W，CAI Z，LUO J，et al.，2016. Antecedents and intervention mechanisms：a multi-level study of R&amp；D team's knowledge hiding behavior［J］. Journal of knowledge management，20（5）：880-897.

KELLOGG K C，VALENTINE M A，CHRISTIN A，2020. Algorithms at work：the new contested terrain of control［J］. Academy of management annals，14（1）：366-410.

KORIAT N，GELBARD R，2014. Knowledge sharing motivation among IT personnel：integrated model and implications of employment contracts［J］. International journal of information management，34（5）：577-591.

LANVIN B，EVANS P，RODRIGUEZ - MONTEMAYOR E，2016. The

global talent competitiveness index 2017 [M]. Fontainebleau: INSEAD Business School, Adecco Group and Human Capital Leadership Institute. 2016.

LE P B, LEI H, 2019. Determinants of innovation capability: the roles of transformational leadership, knowledge sharing and perceived organizational support [J]. Journal of knowledge management, 23 (3): 527-547.

LI C Y, HSIEH C T, 2009. The impact of knowledge stickiness on knowledge transfer implementation, internalization, and satisfaction for multinational corporations [J]. International journal of information management, 29 (6): 425-435.

LIN X, LU L, OZER M, et al., 2023. Am i motivated to share knowledge for better innovative performance? An approach and avoidance framework [J]. Journal of applied psychology, 108 (1): 138-151.

MCGREGOR D, 1960. Theory X and theory Y [J]. Organization theory, 358 (374): 5.

OLAISEN J, REVANG O, 2017. The dynamics of intellectual property rights for trust, knowledge sharing and innovation in project teams [J]. International journal of information management, 37 (6): 583-589.

PAN W, ZHANG Q, TEO T S H, 2018. The dark triad and knowledge hiding [J]. International journal of information management, 42: 36-48.

PENG H, 2013. Why and when do people hide knowledge? [J]. Journal of knowledge management, 17 (3): 398-415.

PEREIRA V, MOHIYA M, 2021. Share or hide? Investigating positive and negative employee intentions and organizational support in the context of knowledge sharing and hiding [J]. Journal of business research, 129: 368-381.

PERUGINI M, GALLUCCI M, PRESAGHI F, et al., 2003. The personal norm of reciprocity [J]. European journal of personality, 17 (4): 251-283.

PLETZER J L, BENTVELZEN M, OOSTROM J K, et al., 2019. A meta-analysis of the relations between personality and workplace deviance: big five versus HEXACO [J]. Journal of vocational behavior, 112: 369-383.

POLANYI M, 1962. Tacit knowing: its bearing on some problems of philosophy [J]. Reviews of modernphysics, 34 (4): 601-616.

SINGH S K, GUPTA S, BUSSO D, et al., 2021. Top management knowledge value, knowledge sharing practices, open innovation and organizational performance [J]. Journal of business research, 128: 788-798.

STAAB P, NACHTWEY O, 2016. Market and labour control in digital capitalism [J]. Triple C: Communication, Capitalism & Critique. Open Access Journal for a Global Sustainable Information Society, 14 (2): 457-474.

STAW B M, BELL N E, CLAUSEN J A, 1986. The dispositional approach to job attitudes: a lifetime longitudinal test [J]. Administrative science quarterly, 31 (1): 56.

STROHMEIER S, 2020. Digital human resource management: a conceptual clarification [J]. German journal of human resource management, 34 (3): 345-365.

SULLIVAN C, 2006. Women and Men in Management [J]. Gender, work and organization, 13 (1): 96-98.

SZULANSKI G, 1996. Exploring internal stickiness: impediments to the transfer of best practice within the firm [J]. Strategic management journal, 17 (S2): 27-43.

ULRICH D, DULEBOHN J H, 2015. Are we there yet? What's next for HR? [J]. Human resource management review, 25 (2): 188-204.

VAN DEN HOOFF B, SCHOUTEN A P, SIMONOVSKI S, 2012. What one feels and what one knows: the influence of emotions on attitudes and intentions towards knowledge sharing [J]. Journal of knowledge management, 16 (1): 148-158.

WAY S A, LEPAK D P, FAY C H, et al., 2010. Contingent workers' impact on standard employee withdrawal behaviors: does what you use them for matter? [J]. Human resource management: published in cooperation with the school of business administration, the university of michigan and in alliance with the society of human resources management, 49 (1): 109-138.

XIAO Y, ZHANG X, PABLOS P, 2017. How does individuals' exchange orientation moderate the relationship between transformational leadership and knowledge sharing? [J]. Journal of knowledge management, 21 (6): 1622-1639.

YANG Z, NGUYEN V T, LE P B, 2018. Knowledge sharing serves as a mediator between collaborative culture and innovation capability：an empirical research ［J］. Journal of business & industrial marketing, 33 （7）：958-969.

ZETTLER I, THIELMANN I, HILBIG B E, et al., 2020. The nomological net of the HEXACO model of personality：a large-scale meta-analytic investigation ［J］. Perspectives on psychological science, 15 （3）：723-760.

ZHAO H, XIA Q, HE P, et al., 2016. Workplace ostracism and knowledge hiding in service organizations ［J］. International journal of hospitality management, 59：84-94.

附　录

附录 A　国务院国资委办公厅关于加快推进国有企业数字化转型工作的通知

各中央企业，各省、自治区、直辖市及计划单列市和新疆生产建设兵团国资委：

为贯彻落实习近平总书记关于推动数字经济和实体经济融合发展的重要指示精神，落实党中央、国务院关于推动新一代信息技术与制造业深度融合，打造数字经济新优势等决策部署，促进国有企业数字化、网络化、智能化发展，增强竞争力、创新力、控制力、影响力、抗风险能力，提升产业基础能力和产业链现代化水平，现就加快推进国有企业数字化转型工作的有关事项通知如下：

一、提高认识，深刻理解数字化转型的重要意义

深入学习领会习近平总书记关于推动数字经济和实体经济融合发展的重要指示精神，研究落实党中央、国务院有关政策，将数字化转型作为改造提升传统动能、培育发展新动能的重要手段，不断深化对数字化转型艰巨性、长期性和系统性的认识。发挥国有企业在新一轮科技革命和产业变革浪潮中的引领作用，进一步强化数据驱动、集成创新、合作共赢等数字化转型理念，系统组织数字化转型理论、方法和实践的集中学习，积极开展创新大赛、成果推广、树标立范、交流培训等多种形式的活动，激发基层活力，营造勇于、乐于、善于数字化转型的氛围。

二、加强对标，着力夯实数字化转型基础

（一）建设基础数字技术平台。

运用5G、云计算、区块链、人工智能、数字孪生、北斗通信等新一代信息技术，探索构建适应企业业务特点和发展需求的"数据中台""业务中台"等新型IT架构模式，建设敏捷高效可复用的新一代数字技术基础设施，加快形成集团级数字技术赋能平台，提升核心架构自主研发水平，为业务数字化创新提供高效数据及一体化服务支撑。加快企业内网建设，稳妥推动内网与互联网的互联互通。优化数据中心布局，提升服务能力，加快企业上云步伐。

（二）建立系统化管理体系。

应用两化融合管理体系标准（GB/T 23000系列），加快建立数字化转型闭环管理机制，以两化融合管理体系促进企业形成并完善数字化转型战略架构。积极推进数字化转型管理工作与质量管理、信息安全、职业健康管理等体系的融合应用。建立数字化转型诊断对标工作机制，定期开展诊断对标，持续提升新一代信息技术与企业业务融合发展水平。

（三）构建数据治理体系。

加快集团数据治理体系建设，明确数据治理归口管理部门，加强数据标准化、元数据和主数据管理工作，定期评估数据治理能力成熟度。加强生产现场、服务过程等数据动态采集，建立覆盖全业务链条的数据采集、传输和汇聚体系。加快大数据平台建设，创新数据融合分析与共享交换机制。强化业务场景数据建模，深入挖掘数据价值，提升数据洞察能力。

（四）提升安全防护水平。

建设态势感知平台，加强平台、系统、数据等安全管理。使用安全可靠的设备设施、工具软件、信息系统和服务平台，提升本质安全。建设漏洞库、病毒库、威胁信息库等网络安全基础资源库，加强安全资源储备。搭建测试验证环境，强化安全检测评估，开展攻防演练，加快培养专业人才队伍。

三、把握方向，加快推进产业数字化创新

（一）推进产品创新数字化。

推动产品和服务的数字化改造，提升产品与服务策划、实施和优化过

程的数字化水平，打造差异化、场景化、智能化的数字产品和服务。开发具备感知、交互、自学习、辅助决策等功能的智能产品与服务，更好地满足和引导用户需求。

（二）推进生产运营智能化。

推进智慧办公、智慧园区等建设，加快建设推广共享服务中心，推动跨企业、跨区域、跨行业集成互联与智能运营。按照场景驱动、快速示范的原则，加强智能现场建设，推进5G、物联网、大数据、人工智能、数字孪生等技术规模化集成应用，实现作业现场全要素、全过程自动感知、实时分析和自适应优化决策，提高生产质量、效率和资产运营水平，赋能企业提质增效。

（三）推进用户服务敏捷化。

加快建设数字营销网络，实现用户需求的实时感知、分析和预测。整合服务渠道，建设敏捷响应的用户服务体系，实现从订单到交付全流程的按需、精准服务，提升用户全生命周期响应能力。动态采集产品使用和服务过程数据，提供在线监控、远程诊断、预测性维护等延伸服务，丰富完善服务产品和业务模式，探索平台化、集成化、场景化增值服务。

（四）推进产业体系生态化。

依托产业优势，加快建设能源、电信、制造、医疗、旅游等领域产业链数字化生态协同平台，推动供应链、产业链上下游企业间数据贯通、资源共享和业务协同，提升产业链资源优化配置和动态协调水平。加强跨界合作创新，与内外部生态合作伙伴共同探索形成融合、共生、互补、互利的合作模式和商业模式，培育供应链金融、网络化协同、个性化定制、服务化延伸等新模式，打造互利共赢的价值网络，加快构建跨界融合的数字化产业生态。

四、技术赋能，全面推进数字产业化发展

（一）加快新型基础设施建设。

充分发挥国有企业新基建主力军优势，积极开展5G、工业互联网、人工智能等新型基础设施投资和建设，形成经济增长新动力。带动产业链上下游及各行业开展新型基础设施的应用投资，丰富应用场景，拓展应用效能，加快形成赋能数字化转型、助力数字经济发展的基础设施体系。

（二）加快关键核心技术攻关。

通过联合攻关、产业合作、并购重组等方式，加快攻克核心电子元器件、高端芯片、基础软件、核心工业软件等关键短板，围绕企业实际应用场景，加速突破先进传感、新型网络、大数据分析等数字化共性技术及5G、人工智能、区块链、数字孪生等前沿技术，打造形成国际先进、安全可控的数字化转型技术体系。

（三）加快发展数字产业。

结合企业实际，合理布局数字产业，聚焦能源互联网、车联网等新领域，着力推动电子商务、数据资产运营、共享服务、平台服务、新零售等数字业务发展，打造规模化数字创新体，培育新业务增长点。面向企业数字化转型需要，加强资源整合优化，创新体制机制，培育行业领先的数字化服务龙头企业，研发和输出数字化转型产品和系统解决方案。

五、突出重点，打造行业数字化转型示范样板

（一）打造制造类企业数字化转型示范。

以智能制造为主攻方向，加快建设推广智能工厂、数字化车间、智能炼厂、智能钢厂等智能现场，推动装备、生产线和工厂的数字化、网络化、智能化改造，着力提高生产设备数字化率和联网率，提升关键工序数控化率，增强基于数字孪生的设计制造水平，加快形成动态感知、预测预警、自主决策和精准执行能力，全面提升企业研发、设计和生产的智能化水平。积极打造工业互联网平台，推动知识能力的模块化、软件化和平台化，加快产业链供应链资源共享和业务协同。

（二）打造能源类企业数字化转型示范。

加快建设推广智慧电网、智慧管网、智能电站、智能油田、智能矿山等智能现场，着力提高集成调度、远程操作、智能运维水平，强化能源资产资源规划、建设和运营全周期运营管控能力，实现能源企业全业务链的协同创新、高效运营和价值提升。

（三）打造建筑类企业数字化转型示范。

重点开展建筑信息模型、三维数字化协同设计、人工智能等技术的集成应用，提升施工项目数字化集成管理水平，推动数字化与建造全业务链的深度融合，助力智慧城市建设，着力提高 BIM 技术覆盖率，创新管理模式和手段，强化现场环境监测、智慧调度、物资监管、数字交付等能力，有效提高人均劳动效能。

（四）打造服务类企业数字化转型示范。

着力推进智慧营销、智慧物流、智慧金融、智慧旅游、智慧供应链等建设，推动实体服务网点向虚拟智慧网点转变，打造智慧服务中心，发展基于互联网平台的用户服务，打造在线的数字服务产品，积极创新服务模式和商业模式，提升客户体验，提高客户黏性，拓展数字服务能力，扩展数字业务规模。

六、统筹部署，多措并举确保转型工作顺利实施

（一）制定数字化转型规划和路线图。

结合企业实际，制定企业数字化转型专项规划，明确转型方向、目标和重点，勾画商业模式、经营模式和产业生态蓝图愿景。以构建企业数字时代核心竞争能力为主线，制定数字化转型方案，纳入企业年度工作计划，明确相关部门和岗位工作要求，加强动态跟踪和闭环管控。加快企业数字化治理模式、手段、方法升级，以企业架构为核心构建现代化 IT 治理体系，促进 IT 投资与业务变革发展持续适配。运用数字化转型服务平台（http：//gq．dlttx．com），开展诊断对标。

（二）协同推进数字化转型工作。

建立跨部门联合实施团队，探索建设数字化创新中心、创新实验室、智能调度中心、大数据中心等平台化、敏捷化的新型数字化组织，推动面向数字化转型的企业组织与管理变革，统筹构建数字化新型能力，以钉钉子的精神切实推动数字化转型工作，一张蓝图干到底。对接考核体系，以价值效益为导向，跟踪、评价、考核、对标和改进数字化转型工作。

（三）做好数字化转型资源保障。

要实行数字化转型一把手负责制，企业主要负责同志应高度重视、亲自研究、统筹部署，领导班子中明确专人分管，统筹规划、科技、信息化、流程等管控条线，优化体制机制、管控模式和组织方式，协调解决重大问题。建立与企业营业收入、经营成本、员工数量、行业特点、数字化水平等相匹配的数字化转型专项资金投入机制。加快培育高水平、创新型、复合型数字化人才队伍，健全薪酬等激励措施，完善配套政策。

国务院国资委将加强对国有企业数字化转型工作的指导，组织数字化转型线上诊断，开展"一把手谈数字化转型"工作，遴选推广数字化转型典型案例和解决方案，推进数字化转型协同创新平台建设，组织数字化转型相关交流研讨，切实推动国有企业数字化转型工作。

国务院国资委办公厅

2020 年 8 月 21 日

附录 B　国务院关于加强数字政府建设的指导意见

国发〔2022〕14 号

各省、自治区、直辖市人民政府，国务院各部委、各直属机构：

加强数字政府建设是适应新一轮科技革命和产业变革趋势、引领驱动数字经济发展和数字社会建设、营造良好数字生态、加快数字化发展的必然要求，是建设网络强国、数字中国的基础性和先导性工程，是创新政府治理理念和方式、形成数字治理新格局、推进国家治理体系和治理能力现代化的重要举措，对加快转变政府职能，建设法治政府、廉洁政府和服务型政府意义重大。为贯彻落实党中央、国务院关于加强数字政府建设的重大决策部署，现提出以下意见。

一、发展现状和总体要求

（一）发展现状。

党的十八大以来，党中央、国务院从推进国家治理体系和治理能力现代化全局出发，准确把握全球数字化、网络化、智能化发展趋势和特点，围绕实施网络强国战略、大数据战略等作出了一系列重大部署。经过各方面共同努力，各级政府业务信息系统建设和应用成效显著，数据共享和开发利用取得积极进展，一体化政务服务和监管效能大幅提升，"最多跑一次"、"一网通办"、"一网统管"、"一网协同"、"接诉即办"等创新实践不断涌现，数字技术在新冠肺炎疫情防控中发挥重要支撑作用，数字治理成效不断显现，为迈入数字政府建设新阶段打下了坚实基础。但同时，数字政府建设仍存在一些突出问题，主要是顶层设计不足，体制机制不够健全，创新应用能力不强，数据壁垒依然存在，网络安全保障体系还有不少突出短板，干部队伍数字意识和数字素养有待提升，政府治理数字化水平与国家治理现代化要求还存在较大差距。

当前，我国已经开启全面建设社会主义现代化国家的新征程，推进国家治理体系和治理能力现代化、适应人民日益增长的美好生活需要，对数字政府建设提出了新的更高要求。要主动顺应经济社会数字化转型趋势，充分释放数字化发展红利，进一步加大力度，改革突破，创新发展，全面开创数字政府建设新局面。

（二）总体要求。

1. 指导思想。

高举中国特色社会主义伟大旗帜，坚持以习近平新时代中国特色社会主义思想为指导，全面贯彻党的十九大和十九届历次全会精神，深入贯彻习近平总书记关于网络强国的重要思想，认真落实党中央、国务院决策部署，立足新发展阶段，完整、准确、全面贯彻新发展理念，构建新发展格局，将数字技术广泛应用于政府管理服务，推进政府治理流程优化、模式创新和履职能力提升，构建数字化、智能化的政府运行新形态，充分发挥数字政府建设对数字经济、数字社会、数字生态的引领作用，促进经济社会高质量发展，不断增强人民群众获得感、幸福感、安全感，为推进国家治理体系和治理能力现代化提供有力支撑。

2. 基本原则。

坚持党的全面领导。充分发挥党总揽全局、协调各方的领导核心作用，全面贯彻党中央、国务院重大决策部署，将坚持和加强党的全面领导贯穿数字政府建设各领域各环节，贯穿政府数字化改革和制度创新全过程，确保数字政府建设正确方向。

坚持以人民为中心。始终把满足人民对美好生活的向往作为数字政府建设的出发点和落脚点，着力破解企业和群众反映强烈的办事难、办事慢、办事繁问题，坚持数字普惠，消除"数字鸿沟"，让数字政府建设成果更多更公平惠及全体人民。

坚持改革引领。围绕经济社会发展迫切需要，着力强化改革思维，注重顶层设计和基层探索有机结合、技术创新和制度创新双轮驱动，以数字化改革助力政府职能转变，促进政府治理各方面改革创新，推动政府治理法治化与数字化深度融合。

坚持数据赋能。建立健全数据治理制度和标准体系，加强数据汇聚融合、共享开放和开发利用，促进数据依法有序流动，充分发挥数据的基础资源作用和创新引擎作用，提高政府决策科学化水平和管理服务效率，催生经济社会发展新动能。

坚持整体协同。强化系统观念，加强系统集成，全面提升数字政府集约化建设水平，统筹推进技术融合、业务融合、数据融合，提升跨层级、跨地域、跨系统、跨部门、跨业务的协同管理和服务水平，做好与相关领域改革和"十四五"规划的有效衔接、统筹推进，促进数字政府建设与数字经济、数字社会协调发展。

坚持安全可控。全面落实总体国家安全观，坚持促进发展和依法管理相统一、安全可控和开放创新并重，严格落实网络安全各项法律法规制度，全面构建制度、管理和技术衔接配套的安全防护体系，切实守住网络安全底线。

3. 主要目标。

到 2025 年，与政府治理能力现代化相适应的数字政府顶层设计更加完善、统筹协调机制更加健全，政府数字化履职能力、安全保障、制度规则、数据资源、平台支撑等数字政府体系框架基本形成，政府履职数字化、智能化水平显著提升，政府决策科学化、社会治理精准化、公共服务高效化取得重要进展，数字政府建设在服务党和国家重大战略、促进经济社会高质量发展、建设人民满意的服务型政府等方面发挥重要作用。

到 2035 年，与国家治理体系和治理能力现代化相适应的数字政府体系框架更加成熟完备，整体协同、敏捷高效、智能精准、开放透明、公平普惠的数字政府基本建成，为基本实现社会主义现代化提供有力支撑。

二、构建协同高效的政府数字化履职能力体系

全面推进政府履职和政务运行数字化转型，统筹推进各行业各领域政务应用系统集约建设、互联互通、协同联动，创新行政管理和服务方式，全面提升政府履职效能。

（一）强化经济运行大数据监测分析，提升经济调节能力。

将数字技术广泛应用于宏观调控决策、经济社会发展分析、投资监督管理、财政预算管理、数字经济治理等方面，全面提升政府经济调节数字化水平。加强经济数据整合、汇聚、治理。全面构建经济治理基础数据库，加强对涉及国计民生关键数据的全链条全流程治理和应用，赋能传统产业转型升级和新兴产业高质量发展。运用大数据强化经济监测预警。加强覆盖经济运行全周期的统计监测和综合分析能力，强化经济趋势研判，助力跨周期政策设计，提高逆周期调节能力。提升经济政策精准性和协调性。充分发挥国家规划综合管理信息平台作用，强化经济运行动态感知，促进各领域经济政策有效衔接，持续提升经济调节政策的科学性、预见性和有效性。

（二）大力推行智慧监管，提升市场监管能力。

充分运用数字技术支撑构建新型监管机制，加快建立全方位、多层次、立体化监管体系，实现事前事中事后全链条全领域监管，以有效监管维护公平竞争的市场秩序。以数字化手段提升监管精准化水平。加强监管事项清单数字化管理，运用多源数据为市场主体精准"画像"，强化风险研判与预测预警。加强"双随机、一公开"监管工作平台建设，根据企业信用实施差异化监管。加强重点领域的全主体、全品种、全链条数字化追溯监管。以一体化在线监管提升监管协同化水平。大力推行"互联网+监管"，构建全国一体化在线监管平台，推动监管数据和行政执法信息归集共享和有效利用，强化监管数据治理，推动跨地区、跨部门、跨层级协同监管，提升数字贸易跨境监管能力。以新型监管技术提升监管智能化水平。充分运用非现场、物联感知、掌上移动、穿透式等新型监管手段，弥补监管短板，提升监管效能。强化以网管网，加强平台经济等重点领域监管执法，全面提升对新技术、新产业、新业态、新模式的监管能力。

（三）积极推动数字化治理模式创新，提升社会管理能力。

推动社会治理模式从单向管理转向双向互动、从线下转向线上线下融合，着力提升矛盾纠纷化解、社会治安防控、公共安全保障、基层社会治理等领域数字化治理能力。提升社会矛盾化解能力。坚持和发展新时代"枫桥经验"，提升网上行政复议、网上信访、网上调解、智慧法律援助等水平，促进矛盾纠纷源头预防和排查化解。推进社会治安防控体系智能化。加强"雪亮工程"和公安大数据平台建设，深化数字化手段在国家安全、社会稳定、打击犯罪、治安联动等方面的应用，提高预测预警预防各类风险的能力。推进智慧应急建设。优化完善应急指挥通信网络，全面提升应急监督管理、指挥救援、物资保障、社会动员的数字化、智能化水平。提高基层社会治理精准化水平。实施"互联网+基层治理"行动，构建新型基层管理服务平台，推进智慧社区建设，提升基层智慧治理能力。

（四）持续优化利企便民数字化服务，提升公共服务能力。

持续优化全国一体化政务服务平台功能，全面提升公共服务数字化、智能化水平，不断满足企业和群众多层次多样化服务需求。打造泛在可及的服务体系。充分发挥全国一体化政务服务平台"一网通办"枢纽作用，推动政务服务线上线下标准统一、全面融合、服务同质，构建全时在线、渠道多元、全国通办的一体化政务服务体系。提升智慧便捷的服务能力。推行政务服务事项集成化办理，推广"免申即享""民生直达"等服务方式，打造掌上办事服务新模式，提高主动服务、精准服务、协同服务、智慧服务能力。提供优质便利的涉企服务。以数字技术助推深化"证照分离"改革，探索"一业一证"等照后减证和简化审批新途径，推进涉企审批减环节、减材料、减时限、减费用。强化企业全生命周期服务，推动涉企审批一网通办、惠企政策精准推送、政策兑现直达直享。拓展公平普惠的民生服务。探索推进"多卡合一""多码合一"，推进基本公共服务数字化应用，积极打造多元参与、功能完备的数字化生活网络，提升普惠性、基础性、兜底性服务能力。围绕老年人、残疾人等特殊群体需求，完善线上线下服务渠道，推进信息无障碍建设，切实解决特殊群体在运用智能技术方面遇到的突出困难。

（五）强化动态感知和立体防控，提升生态环境保护能力。

全面推动生态环境保护数字化转型，提升生态环境承载力、国土空间开发适宜性和资源利用科学性，更好支撑美丽中国建设。提升生态环保协同治理能力。建立一体化生态环境智能感知体系，打造生态环境综合管理信息化平台，强化大气、水、土壤、自然生态、核与辐射、气候变化等数据资源综合开发利用，推进重点流域区域协同治理。提高自然资源利用效率。构建精准感知、智慧管控的协同治理体系，完善自然资源三维立体"一张图"和国土空间基础信息平台，持续提升自然资源开发利用、国土空间规划实施、海洋资源保护利用、水资源管理调配水平。推动绿色低碳转型。加快构建碳排放智能监测和动态核算体系，推动形成集约节约、循环高效、普惠共享的绿色低碳发展新格局，服务保障碳达峰、碳中和目标顺利实现。

（六）加快推进数字机关建设，提升政务运行效能。

提升辅助决策能力。建立健全大数据辅助科学决策机制，统筹推进决策信息资源系统建设，充分汇聚整合多源数据资源，拓展动态监测、统计分析、趋势研判、效果评估、风险防控等应用场景，全面提升政府决策科学化水平。提升行政执行能力。深化数字技术应用，创新行政执行方式，切实提高政府执行力。加快一体化协同办公体系建设，全面提升内部办公、机关事务管理等方面共性办公应用水平，推动机关内部服务事项线上集成化办理，不断提高机关运行效能。提升行政监督水平。以信息化平台固化行政权力事项运行流程，推动行政审批、行政执法、公共资源交易等全流程数字化运行、管理和监督，促进行政权力规范透明运行。优化完善"互联网+督查"机制，形成目标精准、讲求实效、穿透性强的新型督查模式，提升督查效能，保障政令畅通。

（七）推进公开平台智能集约发展，提升政务公开水平。

优化政策信息数字化发布。完善政务公开信息化平台，建设分类分级、集中统一、共享共用、动态更新的政策文件库。加快构建以网上发布为主、其他发布渠道为辅的政策发布新格局。优化政策智能推送服务，变"人找政策"为"政策找人"。顺应数字化发展趋势，完善政府信息公开保密审查制度，严格审查标准，消除安全隐患。发挥政务新媒体优势做好政策传播。积极构建政务新媒体矩阵体系，形成整体联动、同频共振的政策信息传播格局。适应不同类型新媒体平台传播特点，开发多样化政策解读产品。依托政务新媒体做好突发公共事件信息发布和政务舆情回应工作。紧贴群众需求畅通互动渠道。以政府网站集约化平台统一知识问答库为支撑，灵活开展政民互动，以数字化手段感知社会态势，辅助科学决策，及时回应群众关切。

三、构建数字政府全方位安全保障体系

全面强化数字政府安全管理责任，落实安全管理制度，加快关键核心技术攻关，加强关键信息基础设施安全保障，强化安全防护技术应用，切实筑牢数字政府建设安全防线。

（一）强化安全管理责任。

各地区各部门按照职责分工，统筹做好数字政府建设安全和保密工作，落实主体责任和监督责任，构建全方位、多层级、一体化安全防护体系，形成跨地区、跨部门、跨层级的协同联动机制。建立数字政府安全评估、责任落实和重大事件处置机制，加强对参与政府信息化建设、运营企

业的规范管理，确保政务系统和数据安全管理边界清晰、职责明确、责任落实。

（二）落实安全制度要求。

建立健全数据分类分级保护、风险评估、检测认证等制度，加强数据全生命周期安全管理和技术防护。加大对涉及国家秘密、工作秘密、商业秘密、个人隐私和个人信息等数据的保护力度，完善相应问责机制，依法加强重要数据出境安全管理。加强关键信息基础设施安全保护和网络安全等级保护，建立健全网络安全、保密监测预警和密码应用安全性评估的机制，定期开展网络安全、保密和密码应用检查，提升数字政府领域关键信息基础设施保护水平。

（三）提升安全保障能力。

建立健全动态监控、主动防御、协同响应的数字政府安全技术保障体系。充分运用主动监测、智能感知、威胁预测等安全技术，强化日常监测、通报预警、应急处置，拓展网络安全态势感知监测范围，加强大规模网络安全事件、网络泄密事件预警和发现能力。

（四）提高自主可控水平。

加强自主创新，加快数字政府建设领域关键核心技术攻关，强化安全可靠技术和产品应用，切实提高自主可控水平。强化关键信息基础设施保护，落实运营者主体责任。开展对新技术新应用的安全评估，建立健全对算法的审核、运用、监督等管理制度和技术措施。

四、构建科学规范的数字政府建设制度规则体系

以数字化改革促进制度创新，保障数字政府建设和运行整体协同、智能高效、平稳有序，实现政府治理方式变革和治理能力提升。

（一）以数字化改革助力政府职能转变。

推动政府履职更加协同高效。充分发挥数字技术创新变革优势，优化业务流程，创新协同方式，推动政府履职效能持续优化。坚持以优化政府职责体系引领政府数字化转型，以数字政府建设支撑加快转变政府职能，推进体制机制改革与数字技术应用深度融合，推动政府运行更加协同高效。健全完善与数字化发展相适应的政府职责体系，强化数字经济、数字社会、数字和网络空间等治理能力。助力优化营商环境。加快建设全国行政许可管理等信息系统，实现行政许可规范管理和高效办理，推动各类行政权力事项网上运行、动态管理。强化审管协同，打通审批和监管业务信息系统，形成事前事中事后一体化监管能力。充分发挥全国一体化政务服务平台作用，促进政务服务标准化、规范化、便利化水平持续提升。

（二）创新数字政府建设管理机制。

明确运用新技术进行行政管理的制度规则，推进政府部门规范有序运用新技术手段赋能管理服务。推动技术部门参与业务运行全过程，鼓励和规范政产学研用等多方力量参与数字政府建设。健全完善政务信息化建设管理会商机制，推进建设管理模式创新，鼓励有条件的地方探索建立综合论证、联合审批、绿色通道等项目建设管理新模式。做好数字政府建设经费保障，统筹利用现有资金渠道，建立多渠道投入的资金保障机制。推动数字普惠，加大对欠发达地区数字政府建设的支持力度，加强对农村地区资金、技术、人才等方面的支持，扩大数字基础设施覆盖范围，优化数字公共产品供给，加快消除区域间"数字鸿沟"。依法加强审计监督，强化项目绩效评估，避免分散建设、重复建设，切实提高数字政府建设成效。

（三）完善法律法规制度。

推动形成国家法律和党内法规相辅相成的格局，全面建设数字法治政府，依法依规推进技术应用、流程优化和制度创新，消除技术歧视，保障个人隐私，维护市场主体和人民群众利益。持续抓好现行法律法规贯彻落实，细化完善配套措施，确保相关规定落到实处、取得实效。推动及时修订和清理现行法律法规中与数字政府建设不相适应的条款，将经过实践检验行之有效的做法及时上升为制度规范，加快完善与数字政府建设相适应的法律法规框架体系。

（四）健全标准规范。

推进数据开发利用、系统整合共享、共性办公应用、关键政务应用等标准制定，持续完善已有关键标准，推动构建多维标准规范体系。加大数字政府标准推广执行力度，建立评估验证机制，提升应用水平，以标准化促进数字政府建设规范化。研究设立全国数字政府标准化技术组织，统筹推进数字政府标准化工作。

（五）开展试点示范。

坚持加强党的领导和尊重人民首创精神相结合，坚持全面部署和试点带动相促进。立足服务党和国家工作大局，聚焦基础性和具有重大牵引作用的改革举措，探索开展综合性改革试点，为国家战略实施创造良好条件。围绕重点领域、关键环节、共性需求等有序开展试点示范，鼓励各地区各部门开展应用创新、服务创新和模式创新，实现"国家统筹、一地创新、各地复用"。科学把握时序、节奏和步骤，推动创新试点工作总体可控、走深走实。

五、构建开放共享的数据资源体系

加快推进全国一体化政务大数据体系建设，加强数据治理，依法依规促进数据高效共享和有序开发利用，充分释放数据要素价值，确保各类数据和个人信息安全。

（一）创新数据管理机制。

强化政府部门数据管理职责，明确数据归集、共享、开放、应用、安全、存储、归档等责任，形成推动数据开放共享的高效运行机制。优化完善各类基础数据库、业务资源数据库和相关专题库，加快构建标准统一、布局合理、管理协同、安全可靠的全国一体化政务大数据体系。加强对政务数据、公共数据和社会数据的统筹管理，全面提升数据共享服务、资源汇聚、安全保障等一体化水平。加强数据治理和全生命周期质量管理，确保政务数据真实、准确、完整。建立健全数据质量管理机制，完善数据治理标准规范，制定数据分类分级标准，提升数据治理水平和管理能力。

（二）深化数据高效共享。

充分发挥政务数据共享协调机制作用，提升数据共享统筹协调力度和服务管理水平。建立全国标准统一、动态管理的政务数据目录，实行"一数一源一标准"，实现数据资源清单化管理。充分发挥全国一体化政务服务平台的数据共享枢纽作用，持续提升国家数据共享交换平台支撑保障能力，实现政府信息系统与党委、人大、政协、法院、检察院等信息系统互联互通和数据按需共享。有序推进国务院部门垂直管理业务系统与地方数据平台、业务系统数据双向共享。以应用场景为牵引，建立健全政务数据供需对接机制，推动数据精准高效共享，大力提升数据共享的实效性。

（三）促进数据有序开发利用。

编制公共数据开放目录及相关责任清单，构建统一规范、互联互通、安全可控的国家公共数据开放平台，分类分级开放公共数据，有序推动公共数据资源开发利用，提升各行业各领域运用公共数据推动经济社会发展的能力。推进社会数据"统采共用"，实现数据跨地区、跨部门、跨层级共享共用，提升数据资源使用效益。推进公共数据、社会数据融合应用，促进数据流通利用。

六、构建智能集约的平台支撑体系

强化安全可信的信息技术应用创新，充分利用现有政务信息平台，整合构建结构合理、智能集约的平台支撑体系，适度超前布局相关新型基础设施，全面夯实数字政府建设根基。

（一）强化政务云平台支撑能力。

依托全国一体化政务大数据体系，统筹整合现有政务云资源，构建全国一体化政务云平台体系，实现政务云资源统筹建设、互联互通、集约共享。国务院各部门政务云纳入全国一体化政务云平台体系统筹管理。各地区按照省级统筹原则开展政务云建设，集约提供政务云服务。探索建立政务云资源统一调度机制，加强一体化政务云平台资源管理和调度。

（二）提升网络平台支撑能力。

强化电子政务网络统筹建设管理，促进高效共建共享，降低建设运维成本。推动骨干网扩容升级，扩大互联网出口带宽，提升网络支撑能力。提高电子政务外网移动接入能力，强化电子政务外网服务功能，并不断向乡镇基层延伸，在安全可控的前提下按需向企事业单位拓展。统筹建立安全高效的跨网数据传输机制，有序推进非涉密业务专网向电子政务外网整合迁移，各地区各部门原则上不再新建业务专网。

（三）加强重点共性应用支撑能力。

推进数字化共性应用集约建设。依托身份认证国家基础设施、国家人口基础信息库、国家法人单位信息资源库等认证资源，加快完善线上线下一体化统一身份认证体系。持续完善电子证照共享服务体系，推动电子证照扩大应用领域和全国互通互认。完善电子印章制发、管理和使用规范，健全全国统一的电子印章服务体系。深化电子文件资源开发利用，建设数字档案资源体系，提升电子文件（档案）管理和应用水平。发挥全国统一的财政电子票据政务服务平台作用，实现全国财政电子票据一站式查验，推动财政电子票据跨省报销。开展各级非税收入收缴相关平台建设，推动非税收入收缴电子化全覆盖。完善信用信息公共服务平台功能，提升信息查询和智能分析能力。推进地理信息协同共享，提升公共服务能力，更好发挥地理信息的基础性支撑作用。

七、以数字政府建设全面引领驱动数字化发展

围绕加快数字化发展、建设数字中国重大战略部署，持续增强数字政府效能，更好激发数字经济活力，优化数字社会环境，营造良好数字生态。

（一）助推数字经济发展。

以数字政府建设为牵引，拓展经济发展新空间，培育经济发展新动能，提高数字经济治理体系和治理能力现代化水平。准确把握行业和企业发展需求，打造主动式、多层次创新服务场景，精准匹配公共服务资源，提升社会服务数字化普惠水平，更好满足数字经济发展需要。完善数字经济治理体系，探索建立与数字经济持续健康发展相适应的治理方式，创新基于新技术手段的监管模式，把监管和治理贯穿创新、生产、经营、投资全过程。壮大数据服务产业，推动数字技术在数据汇聚、流通、交易中的应用，进一步释放数据红利。

（二）引领数字社会建设。

推动数字技术和传统公共服务融合，着力普及数字设施、优化数字资源供给，推动数字化服务普惠应用。推进智慧城市建设，推动城市公共基础设施数字转型、智能升级、融合创新，构建城市数据资源体系，加快推进城市运行"一网统管"，探索城市信息模型、数字孪生等新技术运用，提升城市治理科学化、精细化、智能化水平。推进数字乡村建设，以数字化支撑现代乡村治理体系，加快补齐乡村信息基础设施短板，构建农业农村大数据体系，不断提高面向农业农村的综合信息服务水平。

（三）营造良好数字生态。

建立健全数据要素市场规则，完善数据要素治理体系，加快建立数据资源产权等制度，强化数据资源全生命周期安全保护，推动数据跨境安全有序流动。完善数据产权交易机制，规范培育数据交易市场主体。规范数字经济发展，健全市场准入制度、公平竞争审查制度、公平竞争监管制度，营造规范有序的政策环境。不断夯实数字政府网络安全基础，加强对关键信息基础设施、重要数据的安全保护，提升全社会网络安全水平，为数字化发展营造安全可靠环境。积极参与数字化发展国际规则制定，促进跨境信息共享和数字技术合作。

八、加强党对数字政府建设工作的领导

以习近平总书记关于网络强国的重要思想为引领，始终把党的全面领导作为加强数字政府建设、提高政府管理服务能力、推进国家治理体系和治理能力现代化的根本保证，坚持正确政治方向，把党的政治优势、组织优势转化为数字政府建设的强大动力和坚强保障，确保数字政府建设重大决策部署贯彻落实。

（一）加强组织领导。

加强党中央对数字政府建设工作的集中统一领导。各级党委要切实履行领导责任，及时研究解决影响数字政府建设重大问题。各级政府要在党委统一领导下，履行数字政府建设主体责任，谋划落实好数字政府建设各项任务，主动向党委报告数字政府建设推进中的重大问题。各级政府及有关职能部门要履职尽责，将数字政府建设工作纳入重要议事日程，结合实际抓好组织实施。

（二）健全推进机制。

成立数字政府建设工作领导小组，统筹指导协调数字政府建设，由国务院领导同志任组长，办公室设在国务院办公厅，具体负责组织推进落实。各地区各部门要建立健全数字政府建设领导协调机制，强化统筹规划，明确职责分工，抓好督促落实，保障数字政府建设有序推进。发挥我国社会主义制度集中力量办大事的政治优势，建立健全全国一盘棋的统筹推进机制，最大程度凝聚发展合力，更好服务党和国家重大战略，更好服务经济社会发展大局。

（三）提升数字素养。

着眼推动建设学习型政党、学习大国，搭建数字化终身学习教育平台，构建全民数字素养和技能培育体系。把提高领导干部数字治理能力作为各级党校（行政学院）的重要教学培训内容，持续提升干部队伍数字思维、数字技能和数字素养，创新数字政府建设人才引进培养使用机制，建设一支讲政治、懂业务、精技术的复合型干部队伍。深入研究数字政府建设中的全局性、战略性、前瞻性问题，推进实践基础上的理论创新。成立数字政府建设专家委员会，引导高校和科研机构设置数字政府相关专业，加快形成系统完备的数字政府建设理论体系。

（四）强化考核评估。

在各级党委领导下，建立常态化考核机制，将数字政府建设工作作为

政府绩效考核的重要内容，考核结果作为领导班子和有关领导干部综合考核评价的重要参考。建立完善数字政府建设评估指标体系，树立正确评估导向，重点分析和考核统筹管理、项目建设、数据共享开放、安全保障、应用成效等方面情况，确保评价结果的科学性和客观性。加强跟踪分析和督促指导，重大事项及时向党中央、国务院请示报告，促进数字政府建设持续健康发展。

国务院

2022 年 6 月 6 日

附录 C　人力资源社会保障部　中央网信办关于进一步加强人力资源市场规范管理的通知

人社部发〔2024〕62 号

各省、自治区、直辖市及新疆生产建设兵团人力资源社会保障厅（局）、网信办：

为贯彻落实党中央、国务院关于健全统一规范的人力资源市场体系、加强市场监管和劳动保障监察执法部署要求，进一步规范人力资源市场活动，维护人力资源市场良好秩序，推动人力资源服务机构诚实守信、依法履责，切实保障劳动者和用人单位合法权益，现就加强人力资源市场规范管理有关事项通知如下：

一、加强人力资源市场准入管理

各地人力资源社会保障部门要贯彻落实建设全国统一大市场要求，健全人力资源市场准入制度，规范实施告知承诺制，简化优化行政许可，积极推广电子证书。加强部门间监管信息互联互通，会同网信等部门对有关公众号、APP、短视频、互联网群组等网站平台开展职业中介活动进行筛查、甄别，督促指导开展职业中介活动的市场主体依法申请许可，避免出现监管盲区。结合监督检查、专项行动等加强对告知承诺事项真实性核查，对不符合许可条件的依法撤销许可。对未经许可擅自开展职业中介活动的，依法予以关闭或责令停止从事职业中介活动，有违法所得的没收违法所得并处罚款；涉及未经许可开展网络招聘服务的，网信部门根据人力资源社会保障部门的意见，依法依规对相关网站平台进行处置。

二、严格网络招聘服务监管

各地人力资源社会保障部门要进一步完善网络招聘服务监管制度，健全部门间协同监管机制，加强网上预警监测。严格招聘信息管理，督导网络招聘服务机构落实招聘信息审核责任，规范审核流程，加强审核人员管理，切实保障招聘信息真实、合法。强化数据安全，落实数据分级分类保护要求，指导网络招聘服务机构安全管理人力资源服务有关数据。强化个人信息保护，督导大型网络招聘服务机构完善技防、人防、制防一体化信息保护措施，引导接入国家网络身份认证公共服务平台，为用户提供安全、便捷的非明文身份登记和核验服务，对外发布或使用涉密、敏感信息前依法进行脱密脱敏处理，有效防范泄密、泄露求职者个人信息等事件发生。规范管理以直播带岗、依托零工平台线上匹配供需等方式开展的职业中介活动，依法打击服务过程中虚假招聘等违法违规行为。对发布虚假招聘信息、泄露求职者个人信息等违规行为，人力资源社会保障部门会同网信等部门，综合运用责令改正、处置账号、下架移动应用程序、暂停招聘服务、关闭平台或网站等措施依法处置。

三、加强对就业歧视行为监管

各地人力资源社会保障部门要完善招聘信息管理制度，推行招聘信息规范格式，防止用人单位和人力资源服务机构发布含有性别、年龄、学历等方面歧视性内容的招聘信息。加强监督检查和动态监测，定期检查或抽查用人单位和人力资源服务机构发布的招聘信息，运用互联网、大数据等技术对就业歧视有关关键词开展线上监测，针对性跟踪调查、督促提醒。加大惩处力度，对发布含有歧视性内容招聘信息的人力资源服务机构，依法采取行政约谈、通报曝光、没收违法所得、罚款等措施，情节严重的依法吊销其人力资源服务许可证。

四、强化现场招聘安全管理

各地人力资源社会保障部门要严格落实管行业必须管安全、管业务必须管安全要求，增强现场招聘安全管理意识，严格属地管理责任，细化安全管理措施，确保各类现场招聘安全有序。压实举办单位的主体责任，制定组织实施办法、应急预案和安全保卫工作方案，严格落实公安、消防安全等要求，防止招聘现场发生踩踏、疫情、火灾等安全和自然灾害事件。加强招聘现场管理，建立实施巡查制度，督促举办单位合理匹配场地面积、招聘规模与展位数量，足量配备现场工作人员，合理把控入场人数。健全安全管理长效机制，建立总结评估制度，梳理分析存在的薄弱环节和风险隐患，持续提升现场招聘管理工作科学化、规范化水平。

五、规范市场服务收费行为

各地人力资源社会保障部门要健全人力资源服务收费监测机制，探索建立人力资源服务收费目录清单，收集、发布经营性人力资源服务机构收费标准，督促经营性人力资源服务机构在其服务场所及所属网站等平台上明示收费标准，在服务台账记录服务收费等情况，有效维护市场服务收费秩序。对经营性人力资源服务机构以"内部推荐"等为名收取高额费用、介绍挂靠"残疾人证"牟取不正当利益、诱导个人参与贷款、以培训等名目设置求职招聘陷阱骗取财物等违规行为，人力资源社会保障部门会同相关部门依法查处，探索实施"一线多查"、"一案多查"，健全案件移送、行刑衔接等机制，形成有力震慑。

六、强化市场活动综合监管

各地人力资源社会保障部门要落实属地监管责任，综合运用现场监管、线上巡查、信用监管、协同监管、宣传引导等措施，加强辖区内人力资源市场活动管理。加强人力资源服务机构名录库建设，及时采集、公布依法取得许可或者经过备案的经营性人力资源服务机构名单及其变更、注销等信息，并提供查询服务。强化日常监管，制定实施"双随机、一公开"监督检查计划，探索实施网格化管理，分期实现对辖区内人力资源服务机构日常监督检查全覆盖。加强重点监管，对举报投诉多、违法违规线索反映集中或涉案在查的有关单位，采取加大检查频次、联合检查等管理措施。创新监管方式，运用大数据等技术主动发现和识别违法违规线索，对有多次投诉或不良评价的监管对象实施风险预警，做到早发现早处置。健全人力资源市场监管与监察执法协作机制，对监管中发现的涉行政处罚的线索案件移送监察机构处理，监察执法中发现的违规行为和查处情况及时通报监管机构，形成齐抓共管工作格局。加强劳动保障监察执法，畅通举报投诉渠道，适时开展专项执法行动，集中整治相关突出违法问题，依法打击人力资源市场各类违法违规行为。

七、加强对求职者教育引导

各地人力资源社会保障部门要加强政策宣传，广泛宣传解读就业促进法、《人力资源市场暂行条例》、《网络招聘服务管理规定》、《人力资源服务机构管理规定》等法规制度，发布违规典型案例、求职风险提示，提升求职者防范识别能力和自身权益保护意识。开展诚信教育，充分利用人力资源市场、人力资源服务产业园等服务窗口，开展标准化、规范化、便捷化的信用知识教育，提高求职者诚信意识。探索加强求职者职业信用管理，对求职者有关身份、学历、经历等造假以及考试作弊、职业骗薪等情节严重、影响恶劣的行为，协同有关部门依法实施信用约束。

各地要高度重视人力资源市场管理工作，加强组织领导，强化责任担当，坚持守土有责、守土尽责，积极探索创新，细化监管措施，强化跟踪问效，推动工作落实，积极营造人力资源市场良好环境，更好促进就业创业和人才顺畅有序合理流动。

人力资源社会保障部
中央网信办
2024 年 8 月 23 日

后　记

2022 年 12 月，新疆科技学院批准工商管理学院关于写作出版《数字化企业人力资源管理变革研究》相关事宜，并做出安排，组织工商管理学院人力资源管理教研室及教务处、人事处等相关专业教师，写作基于数字经济背景下，关于企业人力资源管理数字化变革研究方面的学术著作。在得知写作任务安排后，工商管理学院的人力资源管理教研室及相关专业老师踊跃报名，积极利用空闲时间，深入石油、化工、纺织、食品、酿造、农特产品、旅游、电商等相关企业调查研究；联系政府人社管理部门和国内外人力资源管理专业资深专家、教授咨询请教，表现出了积极参与写作的高昂热情和高度责任心。

在本书的写作过程中，我们得到了新疆科技学院校党委及校长姜锡明教授的大力支持与指导，以及新疆科技学院科研处吕昱同志的关心。在工商管理学院院长吕君奎教授的组织下，我们顺利组建了研究写作队伍，在研究、讨论、确定了专著的研究范围和章节架构之后，各位老师就积极投入了初稿的研究及写作工作。团队成员历经酷暑与严寒，克服了一系列困难，通过查阅文献，咨询专家、教授，深入各行各业展开调研，多次召开研讨会，凝练提纲、撰写初稿、反复修改后，基本成稿，经二次审核后付梓出版社。同时，西南财经大学出版社编辑老师们为本书的出版也付出了辛勤努力。在此，我们向各位老师及同仁表示诚挚的敬意和衷心的感谢！

对于编写组中的多位首次撰写学术著作的青年教师来说，本书虽说是他们的处女作，但也是他们勇攀科学研究高峰的起点。通过规范的学术理论研究，扎实的文献积累，严谨的治学态度，勤奋的工作，创新的思维，科学的方法的锻炼和积累，相信在未来的学术研究道路上，年轻教师一定会走得更远，取得更多高水平的学术成果！我们相信，新疆科技学院在校党委的坚强领导下，明天会更加辉煌！

新疆科技学院　吕君奎

2024 年 8 月 20 日